一玩就上手

學前兒童
口腔動作遊戲

活動手冊

林桂如 著

作者介紹

林桂如

學歷：國立高雄師範大學特殊教育學系身心障礙組
　　　博士候選人
　　　臺北市立師範學院身心障礙教育研究所碩士
現職：財團法人雅文兒童聽語文教基金會助理研究
　　　員兼聽覺口語師
經歷：國立高雄師範大學特殊教育學系兼任講師
　　　臺北市立教育大學特殊教育中心研究助理
　　　國立臺灣師範大學教學與評鑑中心碩士級研
　　　究助理
證照：國民小學教師證書
E-mail：lesley219@gmail.com

內文手繪插圖

王昱堯

年齡：7 歲
學歷：小學一年級
喜好：看字典、畫迷宮、閱讀恐龍圖書

作者序 Preface

語言，是溝通的工具與學習的基礎，語言能力影響的層面涵蓋心理、情緒、學業與人際關係等面向，因此，把握孩子語言發展的關鍵期，提供孩子學習語言充分經驗將是刻不容緩的要務。

近年來，隨著早期療育意識的抬頭，許多具有特殊需求的孩子得以儘早被發現，並及早接受療育服務。鑑於國內書籍目前普遍聚焦於成人的溝通障礙問題矯治，少有關注學前兒童口腔動作的實務參考書籍，因而，筆者期盼能提供主要照顧者在讓孩子接受專業的療育之餘，亦能從日常生活情境中協助孩子進行口腔動作練習，自然提升口腔動作的靈活度。

在教學工作中，筆者常感於多數發展遲緩兒童有發音不清、口腔張力較低、咀嚼困難等問題。事實上，口腔動作的協調度乃在兒童進食、說話行為上扮演關鍵的因素。因此，除了讓孩子及早接受早期療育服務之外，從小在日常生活中累積豐富的口腔動作經驗誠有其必要性。緣此，本書主要是以實務應用的角度撰寫，希冀提供家長、教師及相關療育工作者具體練習的參照，讓孩子自然而然提升口腔動作的靈活度，為未來的口腔動作協調度與發音奠定基礎。

本書分為理論篇與實務篇兩大主體，理論篇主要說明活動設計的概念，主題由為什麼孩子講不清楚談起，接續介紹口腔動作練習的重要性與說明本書內容；實務篇，主要藉由活動式的圖文，提供孩子進行日常口腔動作遊戲的參考。

本書付梓之際，感謝為本書添加不少童趣的家長與所有示範照片的小

小模特兒：昱堯、芯榆、芸竹、宥銘和婕銨，同時，也感謝在撰寫過程中不時投出變化球的曾怡瑄女士、心理出版社林敬堯總編與執行編輯小晶的協助，特此致表謝忱。本書如有任何疏漏之處，尚祈各方先進、讀者不吝惠賜指正。

林挺如　謹識

2011 年 12 月

目 錄 Contents

學前兒童口腔動作遊戲

理論篇

壹 為什麼我的孩子講不清楚

「他會發出咿咿啞啞的聲音，但是大家都聽不懂他想說什麼！」

「他都用手指東西、拉我的手去拿東西，就是不告訴我他要什麼。」

「我的孩子很聰明，只是說話慢一點。應該是大隻雞晚啼啦！」

對發展遲緩兒童的家長而言，孩子的語言問題是相當普遍的困擾，家長想要知道究竟是哪裡出了問題？是不懂？不肯說？還是不會說？

不管原因為何，我們可以確定的是：當孩子有需求時，若不能藉由符合該年齡應有的肢體動作、手勢、聲音、言語來表達，那將是兒童語言發展上的一大警訊。因此，在急欲釐清孩子不說話的原因之際，不妨先去看看孩子口腔動作協調度，了解孩子在口腔動作和感覺發展上的優弱勢，才能循著正確方向陪伴孩子一同發展語言！

一、兒童口腔動作的發展

兒童的吸吮、吞嚥、咀嚼動作的完成需要依賴舌頭、嘴唇等整體的口腔動作協調運用，而口腔動作發展的關鍵期主要為出生至 2 歲間，並在 2 至 4 歲時逐步達到精熟，發展出與成人相當的口腔動作技巧（Bahr, 2001; Diane & Argye, 2001）。一般而言，0 至 3 歲口腔動作的發展重點可劃分為如表一所示：

✿ 表一　0 至 3 歲口腔動作的發展重點

發展時間點	口腔動作的發展
出生至三個月	● 出現許多原始的口腔反射動作（如：作嘔反射、咬合反射），這些動作將隨著嬰幼兒年紀漸趨成熟而消失。
三至六個月	● 吸吮及吞嚥的動作漸漸成熟，舌頭也變得比較靈活。 ● 可以順利進食奶類食物，控制不從嘴角流出來。
六至九個月	● 開始會做清湯匙的動作（如：用上唇抿乾淨湯匙上的食物）。 ● 可開始食用一些嬰兒副食品。
九至十二個月	● 喜歡將任何物品都放入口中，用嘴巴來感覺物品。 ● 舌頭部分可上下靈活移動，會用湯匙進食軟質食物。 ● 嘴巴能閉合喝液體或可做出咬斷餅乾並咀嚼的動作。
十三至十五個月	● 可控制下頜動作穩定度咬合杯緣。 ● 咀嚼時雙唇可閉合。 ● 吸吮、吞嚥、呼吸的協調佳。 ● 學習咬硬的餅乾。
十六至十八個月	● 吞嚥時舌頭前伸的狀況減少。 ● 液體動作控制較成熟。 ● 舌頭、嘴唇、下頜的動作整合穩定。
十九至二十四個月	● 可用舌頭舔、清潔雙唇。 ● 可長時間喝液體，並用雙唇控制吸管喝液體。 ● 可嚼碎肉類。 ● 可將食物從側邊推過舌的中線到達另一側邊。
二十五至三十六個月	● 下頜動作控制達穩定。 ● 舌頭靈活度持續可發展更精細的動作。 ● 即使舌尖往上仍可進行吞嚥動作。 ● 下顎具備不同力氣程度的咬合技巧。 ● 可將食物從側邊推過舌的側邊送到另一側邊。

資料來源：整理自 Arvedson & Brodsky (2002); Diane & Argye (2001)

二、兒童口腔部位功能 🔊

影響兒童口腔動作靈活度因素主要包括下頜、嘴唇、臉頰、舌頭、軟顎等部位，其詳細的構造位置如圖一，並各司不同功能（Arvedson & Brodsky, 2002）：

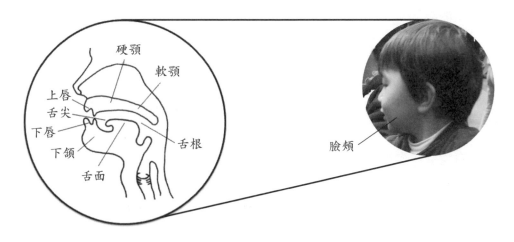

❀ 圖一　口腔構造圖

資料來源：作者自行繪製

(一) 下頜（jaw）：下頜穩定度是兒童形成食團、吞嚥和語言動作控制的基礎，因此，當張力過高或過低時，都會影響其功能。

(二) 嘴唇（lips）：包含上唇和下唇，沒有說話的功能、也沒有味覺，其功能主要在於透過嘴唇的閉合動作將食物抿入口中或感受食物的狀態，同時也協助修飾語言。

(三) 臉頰（cheek）：主要功能是將食物固定以便咬碎，有助於食物粗細的辨認，頰肌有助於食物咬碎的過程。

(四) 舌頭（tongue）：舌頭是由許多錯綜複雜的肌肉組成，依位置的前後又可分為舌尖、舌面和舌根，含有辨識不同味道的味蕾，具有咀嚼、吞嚥及說話等的作用，是所有構音器官中最重要的。在發聲方面，主要是修飾聲道的形狀，進而改變共鳴的特徵，透過與其他構音器官的接觸，改變流經口腔的氣體。

(五) 軟顎（soft plate）：由五條肌肉組成，分別為提軟顎肌、懸雍垂肌、軟顎張肌、舌顎肌及咽顎肌。在吞嚥、發聲等生物功能上，有相當重要的地位。為鼻腔與口咽的通道，在吞嚥或發聲時，軟顎會視情況呈現半自動的向上後方提起，成為鼻腔與口咽的閥門。

三、兒童口腔動作異常的特徵與介入原則 🔊

　　口腔動作發展異常是口腔功能發展異常的一種，該類兒童整體口腔動作的協調性較差，在進食或發音有關的部位動作多有協調差或不靈活的問題，包括：臉頰、雙唇、舌頭、下頜等，因此，常出現雙唇閉合差、舌頭的肌肉力量不足或控制不當、下頜穩定度不佳等，如圖二，這些問題主要

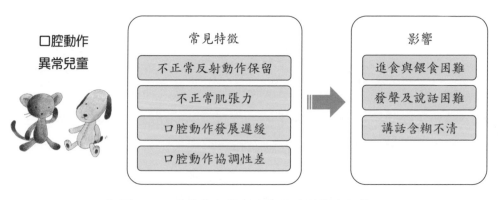

口腔動作異常兒童

常見特徵
不正常反射動作保留
不正常肌張力
口腔動作發展遲緩
口腔動作協調性差

影響
進食與餵食困難
發聲及說話困難
講話含糊不清

❋ 圖二　口腔動作異常兒童常見的特徵與影響

資料來源：作者自行繪製

可藉由專業的療育與日常的口腔動作練習加以改善。

在教學中，常看到這群孩子普遍有刷牙漱口動作不佳、嘴唇或舌頭的動作較遲緩，甚至有偏食、難以咀嚼食物等問題，倘若仍遲未接受專業的早期療育和訓練，兒童的口腔動作發展異常將會嚴重影響孩子未來在進食、發音、說話等方面的發展。

有鑑於此，口腔動作異常的介入原則，宜掌握「早期發現、早期介入」，配合專業的療育介入，如：早期療育服務、職能治療、語言治療，並在日常生活中提供累積豐富口腔動作的經驗，以協助孩子循序發展口腔動作和奠定未來發音的基礎。

四、哪些兒童是口腔動作發展異常的高危險群

依據美國多年來的統計資料顯示，接受特殊教育的學前兒童人數中，以說話或語言障礙占最多，約有 55.2%（U. S. Department of Special Education, 2002），而在 0 至 3 歲接受早療的幼兒中，又以說話、語言、溝通發展問題占最多數（Scarborough, Spiker, Mallik, & Hebbeler, 2004）。

在國內教育部（2010）針對各縣市身心障礙學生特教類別統計中指出，學前階段的身心障礙兒童人數占所有身心障礙學生數的 13%，其中，以發展遲緩兒童占所有學前身障兒童總人數的 48% 的比例最高。整體而言，在特殊教育中，溝通、說話—語言發展問題常是很多特殊需求兒童在其主障礙之外，所表現出來的附加障礙，其比例約占有半數之多（Hall, Oyer, & Haas, 2001）。

影響兒童說話、語言、溝通發展的成因眾多，口腔動作僅是其一因素。事實上，許多口腔動作正常的兒童，同樣有發音不清晰、語言和溝通發展遭遇困難的可能性。

　　然而，對於口腔動作發展異常的兒童而言，如未能及早提供專業療育和日常口腔動作練習，除了未來在說話、語言、溝通發展勢將產生更多困難外，對其進食能力亦影響甚鉅。一般而言，口腔動作發展異常的高危險群包括五大類（王雅蘭，2004；林麗英，2008；陳旭萱，1989）：

➤具有腦功能障礙。

➤具有肌張力問題。

➤具有先天的感官障礙。

➤幼兒本身的主要照顧者缺乏照顧嬰幼兒各種需求的成熟度。

➤兒童生長的環境不利。

　　為發展兒童口腔動作的協調、靈活度，宜特別留意口腔動作發展異常高危險群兒童的口腔動作發展，適時提供必要的早期療育之餘，由日常生活中增加兒童口腔動作練習的機會亦是不可缺少的要件。

貳　日常練習口腔動作的重要性

一、口腔動作影響層面

　　口腔動作的發展影響層面甚廣，早從嬰兒時期無語言階段的吞嚥進食能力，到後期語言發展階段的發音清晰度、說話流暢度等等，都取決於口腔動作的發展。

　　嬰兒出生後的尋乳反射、吸吮反射、吞嚥反射及舌頭等反射皆是在奠定嬰兒日後的進食能力。對嬰兒而言，藉由尋乳反射將能找到母親哺乳乳頭的位置，並透過吸吮、吞嚥與舌頭反射維持乳汁的獲得，此外，咬合和

舌頭橫向反射則是協助嬰兒早期奠定未來發展咀嚼和舌頭側送的能力。

　　儘管前述的諸多反射行為在 1 歲之前會逐漸消失，然而，嬰兒已習得的相關進食動作卻將會一直影響到後來的語言發展能力（Diane & Argye, 2001）。當幼兒慢慢進入語言發展階段，最初可能只是無意識的運動口腔器官（如：打呵欠），偶然發出一些無意義的音節；到後來漸漸意識到自體的舌頭和嘴唇，嘗試的使用舌頭或張開下巴發出聲音，當孩子 1 歲到 1 歲半開始發出第一個有意義的音，接著詞彙量逐漸增多，3 歲左右能說出完整的句子。當孩子 6 歲左右時，除了ㄓ、ㄔ、ㄕ、ㄖ等音素發展較晚之外（王南梅、費珮妮、黃恂、陳靜文，1984），整體的發音清晰度大致完成。

　　一般而言，兒童普遍在 7 歲以前能發展到成人標準的正確構音表現（許雅玲、李淑娥、郭煌宗、梁忠詔，1996），而這些能力的發展皆有賴靈活的口腔動作加以支持。

二、日常生活中如何練習口腔動作 🔊

　　任何自然溝通互動的情境，乃是語言學習或溝通能力發展的最佳場所（錡寶香，2009），口腔動作的練習亦然。

　　由於口腔動作與進食和說話息息相關，因此，主要照顧者平時可利用孩子吃飯的時間或遊戲的時間來訓練口腔動作，如：在孩子吃飯時，互動者可選擇軟硬不同或各種味道不同的食材，讓孩子實際的經驗和嘗試；在遊戲時陪著孩子一同照鏡子玩口腔動作模仿的活動。

　　為了提供自然促進孩子口腔動作能力的練習機會，將有賴互動者由日常生活的常規活動或遊戲活動中提供有意義的遊戲與豐富的環境，以漸進式的方式引導孩子在遊戲中學習。

　　最重要的是，由於口腔動作練習成效需要時間累積，互動者切莫心急

的讓孩子如同做作業一樣練習口腔動作（如：規定孩子每天舌頭移動幾次、嘴唇張合幾次），避免造成孩子的練習壓力而排斥進一步練習，失去活動的實質意義。

參 本書內容說明

一、本書活動設計目標

　　本書的活動目標主要以口腔動作異常的高危險兒童本身和互動者為二大主要對象加以設計（如圖三），期能奠定兒童未來發音清晰度的基礎，並促進互動者於日常生活中針對兒童口腔動作活動應用的類化能力。

1. 增加口腔動作的正向經驗
2. 增加食物接觸與品嚐的經驗
3. 擴大對不同食物的感知
4. 促進口腔靈活度
5. 奠定未來發音清晰度的基礎

1. 增進對兒童口腔動作發展的認識
2. 提升對兒童口腔動作遊戲的理解
3. 增加對兒童口腔問題的敏感度
4. 增進在日常生活中進行口腔動作遊戲的類化能力

兒童　　互動者

❀ 圖三　本書活動目標

二、本書活動架構

本書的活動主要共分五大部分（如圖四），分別說明如下：

(一) 口腔動作體操

1. 設計理念

在和孩子互動遊戲的過程中，透過和孩子以「請你跟我這樣做」的方式玩臉部表情體操，提供兒童練習使用不同口腔動作部位，引導孩子做出正確動作。

2. 活動進行方式

互動者參照書上的照片動作示範圖示，鼓勵孩子以「請你跟我這樣做」的形式，在自然生活中增加兒童練習的機會，進而願意主動持續的進行口腔動作活動與遊戲。

(二) 口腔動作活動

1. 設計理念

透過互動遊戲的活動設計，鼓勵兒童練習使用口腔動作部位（如：舌頭的舔食、咀嚼、吸吮動作等），並利用生活中的常見物品，如：果醬、棒棒糖等食物當作增強，引導孩子做出正確動作。

2. 活動進行方式

為提供互動者清晰的活動步驟，以便於活動的安排進行，每項活動將詳列：活動目標、準備教材、事前準備與遊戲方法，說明如下：

　　(1) 活動目標：詳列活動主要練習的口腔動作。

　　(2) 準備教材：詳列活動所需的材料。

　　(3) 事前準備：說明活動前的準備工作。

(4) 遊戲方法：詳列活動進行的流程和步驟。

3. 互動者記錄手札

互動者在進行活動時可記錄不同的玩法、變化不同材料的構想，以及註記兒童在活動過程中的表現，讓這些活動得以更貼近孩子的日常生活，其內容包括：

(1) 遊戲提示：說明進行活動中需要注意的事項。

(2) 活動變化：提供可變化活動的方式或材料，也提供互動者註記其他構想到的活動進行方式和材料。

(3) 孩子表現：提供互動者即時記錄孩子的表現。

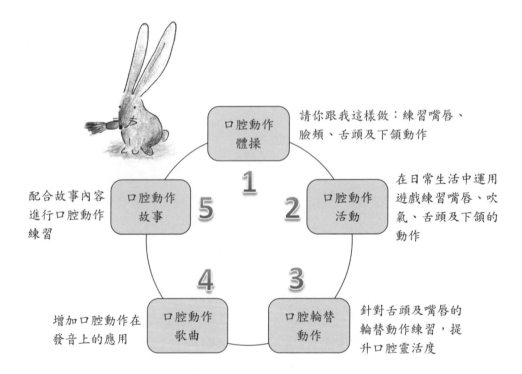

❀ 圖四　本書活動架構圖

(三) 口腔輪替動作

1. 設計理念

口腔輪替動作主要是練習舌頭或嘴唇一連串的連續動作，包含：舌頭伸出縮回、左右移動，交替發出「ㄚ」、「ㄨ」、「ㄧ」等音，同時藉由繪畫的方式，提高孩子學習的興趣。

2. 活動進行方式

互動者與孩子練習本活動時，一開始可以固定的節律速度唸讀，等孩子熟練後，可變化唸讀速度的快慢。舉例而言，練習活動範例註記【X】為兩拍（互動者可在心中默數 1、2），【x】則為一拍（互動者可在心中默數 1），可配合「動手畫」活動或手、腳打拍子協助孩子練習，實際的唸讀速度快慢，互動者可依孩子的狀況調整。詳細內容如下：

(1) 活動目標：說明唸讀活動主要練習的口腔動作。

(2) 活動說明：說明唸讀活動結合繪畫進行的方式。

(3) 初階／進階練習：針對不同能力的兒童，提供唸讀節律的變化性。

3. 動手畫

本活動針對初階的兒童可先以固定節律速度的交替動作練習，進階兒童則以快慢交錯的方式練習，依據不同的唸讀節律，一邊配合繪畫的遊戲方式，如：「滴答滴答」，可以依據音的長短畫出不同長短的雨滴，提升孩子練習的興趣。

(四) 口腔動作歌曲

1. 設計理念

歌曲是促進與兒童互動的便利工具，歌曲可以連接互動者和孩子間的關係，孩子也可透過歌曲學習，尤其對口腔動作發展異常的高危險群的孩子們而言尤是。

當互動者能自然運用音樂時，孩子將能擴展其語彙、認識節律、促進聽覺與視覺的辨識、視動協調、視覺空間記憶、語言接收，最重要的也將提高理解和溝通的能力，本活動的設計理念如下：

(1) 增進口腔靈活度

藉由示範坊間常見的兒歌，本活動將提供互動者協助孩子進行口腔靈活度練習，並增進互動者未來應用其他歌曲練習口腔靈活度的能力。

(2) 自然提高語言理解

在日常生活事務中，配合活動演唱歌曲，可提供孩子許多自然的機會練習，如：「下雨了」，可讓孩子在沒有壓力下演唱中學習與口腔動作有關的聲音或字詞，並學習描述他們正在做的事的語彙。

歌曲演唱可以協助孩子理解歌詞內容和掌握節律，如：「爆米花」帶出爆米花的特性、「哈巴狗」則是提供「誰、做什麼、在哪裡、什麼時候」等訊息，由這些兒歌的演唱中，將能自然提高孩子的語言理解與學習。

(3) 促進音韻和節律的概念

在和孩子互動時，互動者可以帶著孩子在演唱中加入手部動作或身體律動，成為一種有氧活動，建立孩子對歌曲音韻節律上的感受力；而對於發音較不清楚的孩子也可以加入手勢動作做為輔助提示，並且在目標音上強調演唱的速度放慢，如：歌曲的主要目標在練習吹氣時，當唱到「兩隻老『虎』」的詞彙時，可以在該關鍵字詞上唱慢一些。

2. 活動進行方式

本部分主要將示範如何使用坊間童謠做為口腔動作練習的工具，每首歌曲將標出可練習口腔動作的目標音，提示互動者如何挑選字詞，當與兒童互動時遇到目標音的字詞，請由兒童自己完成，其他歌詞部分則可由互動者完成。詳細內容如下：

(1) 活動目標：說明歌唱活動主要練習的口腔動作。

(2) 關鍵詞：詳列練習歌曲重點練習的歌詞。

(3) 活動流程：詳列歌唱過程中的進行方式和步驟。

(4) 遊戲提示：提供可變換的歌唱方式或替換的歌詞。

3. 延伸練習

口腔動作歌曲的練習，除了可視孩子的能力變換童謠演唱的速度、強調關鍵詞之外，亦可以結合手部輕拍節奏調的方式加以練習，進行的方式有五（林翠湄譯，2009）：單邊雙邊對稱動作、單邊動作（一邊／另一邊）、單一可預測、連續雙邊對稱動作、連續雙邊對稱動作組合（四個動作），詳細說明請參見 169 頁說明。

(五) 口腔動作故事

1. 設計理念

本活動練習主要藉由自編的短篇故事三則：「小小貓頭鷹」、「小廚師」和「愛畫畫的小毛」，示範互動者與孩子在共讀間加入口腔動作活動，透過故事中的聲音互動、問答遊戲，誘發孩子在閱讀故事中自然練習口腔動作。

2. 活動進行方式

透過互動者描述故事內容，在段落之間提供兒童練習口腔動作的多樣性。對於理解表達較弱的孩子，活動可改為單純的模仿關鍵音的練習；理解表達較佳的孩子，則可在故事結束後進行問答活動，加強理解性的表達。

三、本書活動設計內容與重要性 🔊

有鑑於兒童的口腔動作發展的關鍵期為學前階段，而正確的發音及進食有賴嘴唇、舌頭、臉頰、下頜等部分的充分運用與配合，因此，本書將

藉由日常的遊戲活動，提供互動者在平日與孩子的互動過程中，自然提升孩子的口腔靈活度，主要的內容和重要性如下（許雅玲等，1996；Roth & Worthington, 2001）：

1. 嘴唇動作：為強化唇部運動與肌肉張力，增進上下唇的張力及嘴唇形狀的變化，以奠定未來說話口型的變化與雙唇音（如：ㄅ、ㄆ、ㄇ）、唇齒音（如：ㄈ）等發音的基礎。

2. 臉頰動作：為提升臉頰的肌張力和感覺敏感度，防止食物殘留在臉頰內的情形，同時增進吹氣、吸吮動作及說話清晰度。

3. 舌頭動作：為增進舌頭上下移動和左右移動的控制力、張力、靈活度，以協助在進食過程中順利將食物側送到兩邊臼齒咀嚼和吞嚥，奠定未來在舌尖音（如：ㄉ、ㄊ、ㄋ、ㄌ）」、舌面音（如：ㄐ、ㄑ、ㄒ）、舌根音（如：ㄍ、ㄎ、ㄏ）等發音的基礎。

4. 下頜動作：下頜運動主要是練習上下顎的動作靈活度，有助於未來進食的咀嚼動作、說話時張嘴的大小和口型變化，並增進未來在韻母（如：ㄚ、ㄛ、ㄜ、ㄝ）等發音的清晰度。

5. 吹氣動作：為增進肺活量、控制呼吸及氣流方向，並提高軟顎功能與雙唇收縮的能力，提升未來說話的音量和整體語言清晰度。

互動者在引導學前兒童進行口腔動作的練習時，首要的要訣應掌握個別化、有趣化和經驗化，亦即由互動者依據孩子的學習需求，讓孩子有機會在有趣的遊戲中學習和經驗，達到自然練習口腔動作靈活度的目的。

參考文獻 Reference

王南梅、費珮妮、黃恂、陳靜文（1984）。3歲至6歲學齡前兒童國語語音發展結構。聽語會刊，1，12-17。

王雅蘭（2004）。嬰幼兒及學前兒童的溝通及語言障礙。載於林寶貴主編，溝通障礙：理論與實務（頁2-16）。臺北：心理。

林翠湄譯（2009）。Weikart, P. S.著（1987）。動作教學：幼兒重要的動作經驗。臺北：心理。

林麗英（2008）。談發展障礙的口功能異常。2010年10月14日，取自http://tw.myblog.yahoo.com/re2982/article? mid=108&prev=109&l=f&fid=19

教育部（2010）。各縣市身心障礙學生特教類別統計。2010年9月20日，取自http：//www.set.edu.tw/sta2/default.asp

許雅玲、李淑娥、郭煌宗、梁忠詔（1996）。發展遲緩兒童語言治療成效探討。聽語會刊，12，33-45。

陳旭萱（1989）。發展障礙兒童口腔動作障礙的形成與處理。職能治療學會雜誌，7，61-72。

錡寶香（2009）。特殊需求兒童的語言學習問題與語言教學。特殊教育叢書，65，1-32。

Arvedson, J. C., & Brodsky, L. (2002). *Pediatric swallowing and feeding: Assessment and management.* (2nd ed.). Albany, N.Y.: Singular Publishing.

Bahr, D. C. (2001) . *Oral motor assessment and treatment: Ages and stages.* Boston: Allyn & Bacon.

Diane, C. B., & Argye, E. H. (2001). *Oral motor assessment and treatment: Ages and stages.* New York：Allyn & Bacon.

Hall, B. J., Oyer, H. J., & Haas, W. H. (2001). *Speech, language, and hearing disorders: A guide for the teacher.* Needham Heights, MA: Allyn & Bacon.

Roth, F. P., & Worthington, C. K. (2001). *Treatment resource manual for speech-language pathology* (2nd ed.). San Diego: Singular/Thomson Learning.

Scarborough, A. A., Spiker, D., Mallik, S., & Hebbeler, K. M. (2004). A national look at children and families entering early intervention. *Exceptional Children, 70* (4), 469-483.

U. S. Department of Special Education (2002). *Twenty- fourth annual report to Congress on the Implementation of the Education of the Handicapped Act.* Washington D. C.: U. S. Department of Education.

實務篇

壹 口腔動作體操

　　「口腔動作體操」主要是互動者依據照片動作示範圖片，鼓勵孩子以「請你跟我這樣做」的形式，提高兒童學習的興趣，進而願意主動持續的進行口腔活動或遊戲，誘發口腔動作和說話清晰度，使學生的唇部肌肉協調來完成動作，提升孩子口腔動作靈活度。

　　每一個活動都提供有順序的動作圖片，讓互動者可以循序陪伴孩子一同練習！

一、嘴唇活動

　　嘴唇活動可強化唇部運動與肌肉張力，奠定未來在雙唇音、唇齒音等發音和說話口型變化的基礎。

(一) 目標動作

　　嘴唇活動計有十四個活動，主要目標為鼓勵兒童練習嘟唇、拉唇、抿唇、鼓腮、嘴唇張合及嘴角肌肉控制等動作。

(二) 活動內容

活動名稱		活動目標
活動一	親親	嘟唇
活動二	笑一個	拉唇
活動三	ㄅㄨㄅㄨ車	嘟唇、嘴唇張合
活動四	刷刷牙	上下唇包覆牙齒動作
活動五	不見了	上下唇包覆牙齒動作
活動六	小嘴巴閉起來	抿唇
活動七	我會吐籽兒	嘴角肌肉控制，加入舌頭平坦、吹氣的動作
活動八	沒氣了	嘟唇，加入吹氣的動作
活動九	開不開心	嘴角肌肉控制
活動十	我真的很不錯	上下唇包覆牙齒動作
活動十一	噢，好可怕	嘟唇、嘴角肌肉控制、拉唇
活動十二	躲貓貓	仿音動作
活動十三	我會開車	嘴唇張合、仿音動作
活動十四	哈啾	嘴唇張合、嘴角肌肉控制

活動一 | 親親

提示 做出「ㄅㄨ」的嘟唇嘴型。

小寶貝，
親一下媽咪，

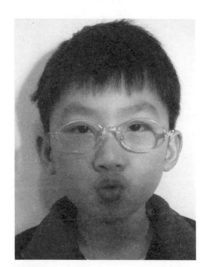

提示 誇大「ㄅㄨ」的嘟唇嘴型。

親一下爸比，
大家都愛你！

 活動二｜笑一個

喀擦，笑一個！

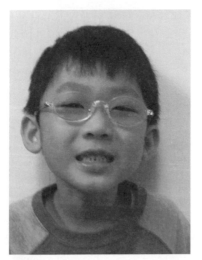

提示 拉開嘴唇成「ㄧ」字狀。

「ㄧ」～

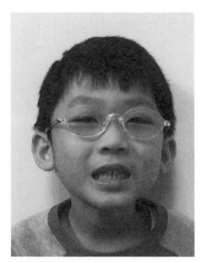

提示 拉開嘴唇成「ㄈ」字狀。

「ㄈ」～

提示 拉唇，維持「ㄈ」字狀。

喀擦，喀擦，
笑一個！

活動三 | ㄅㄨㄅㄨ車

慢慢走，

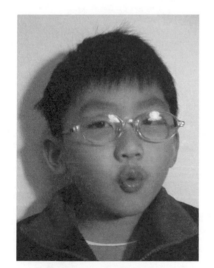

ㄅㄨㄅㄨ車，

提示 嘴唇微微嘟起。

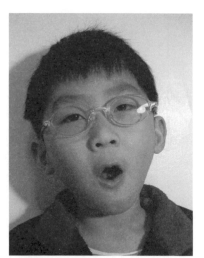

提示 張唇成發音「ㄛ」狀。

ㄧㄛㄧㄛ，警車來，

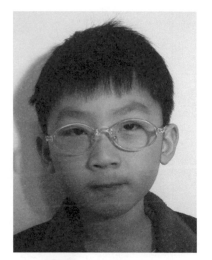

提示 上下唇閉合。

好多車子，排一排！

 活動四 | 刷刷牙

刷，刷，刷，

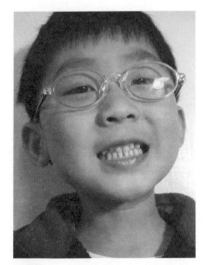

提示 上下牙咬住，露出牙齒。

我會刷牙，

提示 用手假裝是牙刷。

張開嘴巴，「一」，

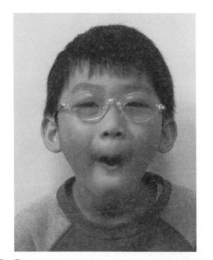

提示 張開嘴巴，用上下唇包覆牙齒。

牙齒好乾淨！

 活動五 不見了

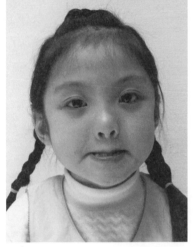

提示 用下排牙齒將上唇覆蓋。

上面的嘴巴不見了，

提示 用上排牙齒以輕咬下唇的方式將下唇覆蓋，發出「ㄈ」的音。

下面的嘴巴不見了，

提示 將嘴巴閉上。

我的舌頭不見了！

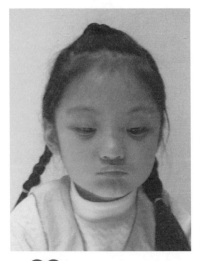

提示 表情假裝很難過。

喔喔，我不能說話了！

 活動六｜小嘴巴閉起來

小嘴巴，

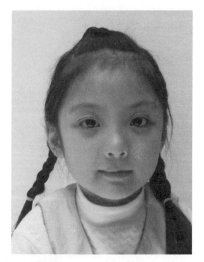

提示 將嘴巴自然閉上。

閉起來，

提示 嘴巴用力閉緊。

拉起拉鍊,

提示 抿嘴閉緊。

閉起來,閉起來!

 活動七 | **我會吐籽兒**

別把籽兒吞進去，

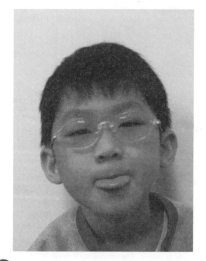

吐出來，吐出來！

提示 舌頭微伸，發出「噗」的吐氣聲音。

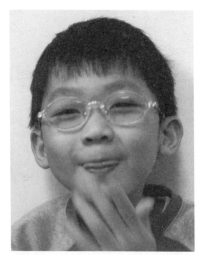

提示 舌頭維持平坦，微微吐氣。

我會把籽兒吐出來！

活動八 | 沒氣了

小氣球，

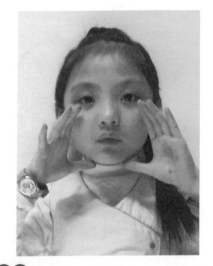

吹吹吹，

提示 微嘟唇，發出「呼」的吹氣聲。

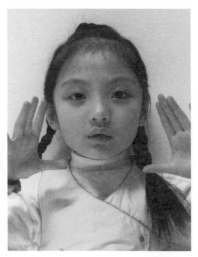

提示 嘴唇嘟起，隨手部提示發出細而長的吹氣聲「呼」。

小氣球，變大大，

提示 嘴唇嘟起，隨手部提示發出短促的吹氣聲「呼」。

一放手，沒氣了！

活動九 | 開不開心

提示 維持嘴巴閉起、嘴角上揚的動作。

我很高興，

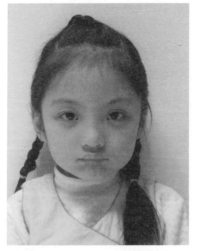

提示 維持嘴巴閉起、嘴角往下的動作。

我不高興，

提示 嘴巴張開、開心的笑。

我非常開心！

提示 下顎用力，嘴角往下。

我非常不開心！

 活動十 我真的很不錯

我真的很不錯，

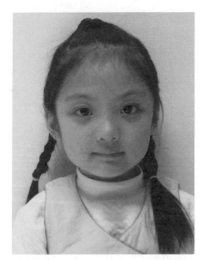

我真的真的很不錯，

提示 維持嘴巴閉起、嘴角上揚的動作。

提示 嘴角持續上揚，比之前再誇張的笑。

我真的真的真的
很不錯！

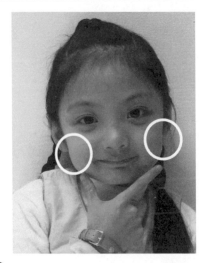

提示 嘴巴笑到無法再拉大，兩頰的笑肌（圓圈處）鼓起。

我真的真的真的真的，
真的很不錯！

活動十一 ┃ 噢，好可怕！

咦，我瞧瞧！

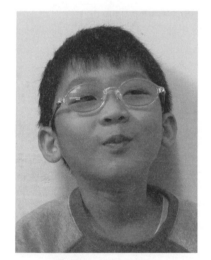

咦，是什麼？

提示 嘴唇微嘟。

提示 兩側嘴角拉大做出驚訝狀。

啊！

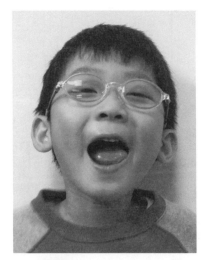

提示 嘴巴左右拉開。

是隻貓！

 活動十二｜躲貓貓

. . .

找一找，

提示 和孩子玩這項活動時，先讓孩子知道您
會用手遮住、再打開的順序。

小狗、小貓在哪裡？

提示 將遮住臉的手打開,模仿「汪」的聲音。

找到了!
小狗「汪,汪」!

提示 將手打開,將音調提高模仿「喵」的聲
音。

找到了!
小貓「喵,喵」!

 活動十三｜我會開車

提示 假裝拿鑰匙發動車子，手握方向盤，模仿「恩～」的引擎聲。

開動，準備出發囉！

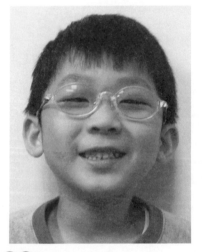

提示 引擎聲由大聲逐漸變小聲。

恩～
（模仿引擎聲）

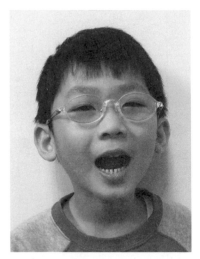

向左，向右！
叭，叭！

提示 假裝方向盤向左、向右，作勢按喇叭。

「ー」～
（音拉長，
模仿煞車聲音）
停！

提示 假裝腳踩煞車，模仿發「ー」的煞車聲。

活動十四 | 哈啾

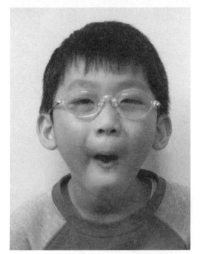

 提示 準備一張衛生紙，做出「ㄡ」的誇張嘴型。

「ㄡ」（音拉長）～

提示 做出「一」的誇張嘴型。

「一」（音拉長）～

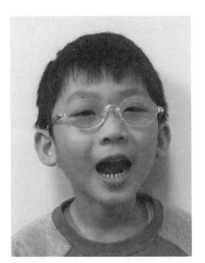

提示 做出「哈」的誇張嘴型。

「哈～」（音拉長）～

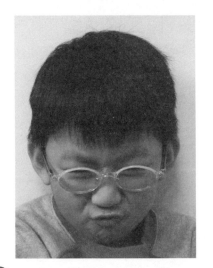

提示 做出「啾」的誇張嘴型，將衛生紙吹起。

「啾～」（音拉長）～

二、臉頰活動 🔊

　　臉頰活動主要乃為提升臉頰的肌張力和感覺敏感度，防止食物殘留在臉頰內的情形，同時增進吹氣、吸吮動作及說話清晰度。

(一) 目標動作

　　臉頰動作活動計有七個活動，主要目標為鼓勵兒童練習鼓腮、臉頰內縮及張嘴開合的動作。

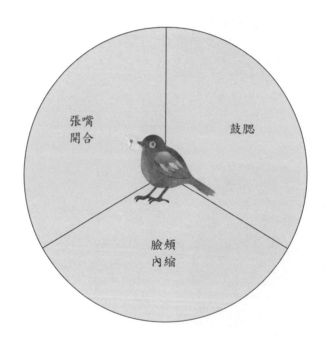

(二) 活動內容

活動名稱		活動目標
活動一	我是一顆大氣球	臉頰鼓脹
活動二	接住一顆大蘋果	臉頰鼓脹
活動三	神奇泡泡	張嘴開合，臉頰鼓脹仿爆破音動作
活動四	肥貓胖狗	臉頰鼓脹、內縮練習
活動五	青蛙吃蚊子	張嘴咀嚼動作
活動六	小蝸牛	將舌頭頂臉頰動作
活動七	我會漱口	臉頰快速鼓脹、內縮動作

 | 活動一 | 我是一顆大氣球

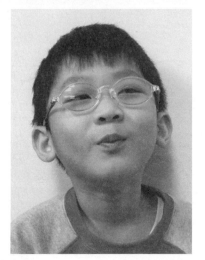

提示 吸一口氣，將臉頰慢慢鼓起。

我是一顆大氣球，

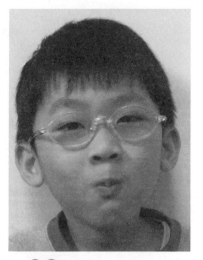

提示 將臉頰愈鼓愈大。

愈來愈大，

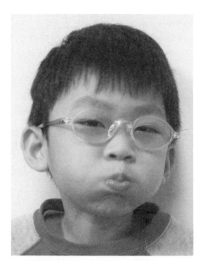

提示 用力將臉頰鼓到最大。

愈來愈大，

提示 用手輕觸臉頰，一邊吐氣發出「ㄙ」的
　　聲音。

慢慢變小，沒氣了！

 | 活動二 | 接住一顆大蘋果

提示 作勢要吃手上的蘋果，發出「Y」的聲音。

接住一顆大蘋果，

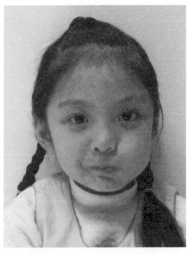

提示 將臉頰向左鼓大。

在這裡，

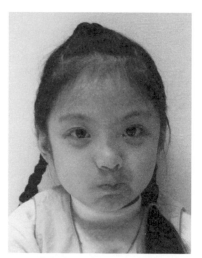

提示 將臉頰向右鼓大。

在那裡，

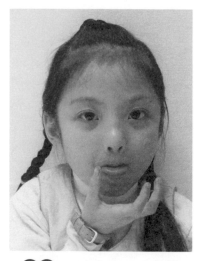

提示 假裝將蘋果吐出來。

換你接接看！

 活動三｜神奇泡泡

吹泡泡，

提示 吸一口氣，將臉頰慢慢鼓起準備吐氣。

呼～

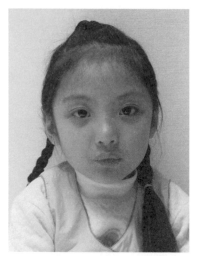

提示 開始吹氣緩慢而長,臉頰慢慢放鬆。

泡泡飛走了,

提示 用手輕壓臉頰,臉頰放鬆。

泡泡破掉了。

 活動四 ┃ 肥貓胖狗

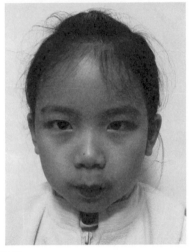

提示 吸一口氣，將臉頰慢慢鼓起。

肥肥貓，喵喵妙，

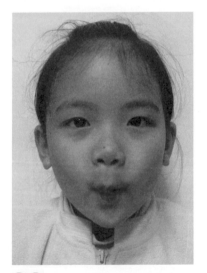

提示 吐氣，讓臉頰慢慢內縮。

瘦瘦貓，喵喵笑，

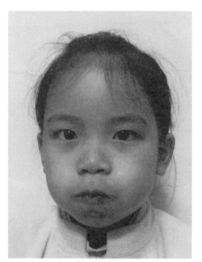

提示 吸一口氣，將臉頰慢慢鼓更大。

胖胖狗，汪汪叫，

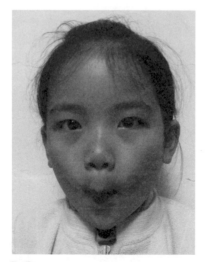

提示 吐氣，讓臉頰內縮到更小。

瘦瘦狗，汪汪跳。

活動五 | 青蛙吃蚊子

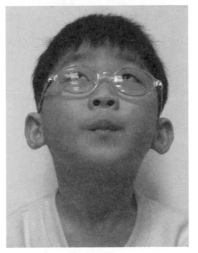

提示 假裝抬頭找蚊子。

嗡～

有蚊子！

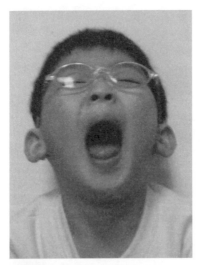

提示 張大嘴，假裝吃到了。

我抓到了！

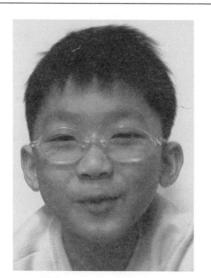

提示 發出咀嚼的聲音。

Ｙ～m～

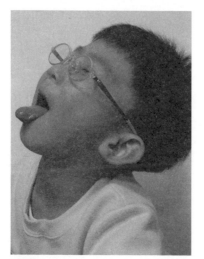

提示 吐出來,做出難吃的表情。

不好吃!

 活動六 小蝸牛

> **提示** 手洗乾淨後，右手心握左手背，露出食指，假裝是小蝸牛。

有一隻蝸牛爬呀爬，

爬呀爬，

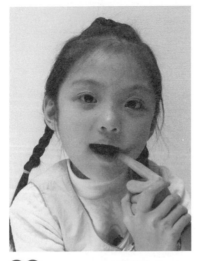

> **提示** 假裝小蝸牛爬進嘴巴裡。

爬進我的嘴巴裡，

爬到左邊，
爬到右邊，
上下左右到處爬。

提示 將舌頭頂向左臉頰、右臉頰，再沿著牙齒在口腔四周繞圈。

活動七 ｜ 我會漱口

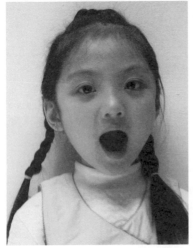

提示 張嘴，假裝發出喝水聲。

咕嚕，咕嚕，

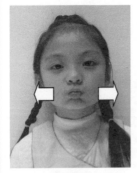 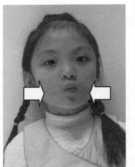

提示 臉頰反覆鼓脹、內縮。

漱漱口，漱漱口，

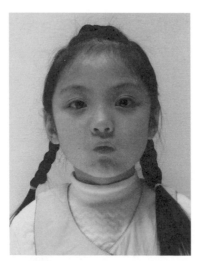

提示 嘴閉合發出漱口聲。

咕嚕，咕嚕，

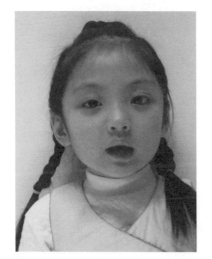

提示 將水吐出，發出「呸」的聲音。

「呸」，我會漱漱口。

三、舌頭活動 🔈

　　舌頭活動可充分協調兒童舌部肌肉活動，使舌頭更靈活，促進在發音時找到正確位置，並增進舌頭上下移動和左右移動的控制力、張力、靈活度，協助在進食過程中順利將食物側送到兩邊臼齒咀嚼和吞嚥，奠定未來在舌尖、舌面與舌根等發音上的基礎。

(一) 目標動作

　　本活動計有九個活動，主要目標為鼓勵兒童練習伸收舌、舔嘴唇、舔嘴角、彈響舌（舌抵上顎發出馬蹄聲）、舔繞唇與頂兩腮。

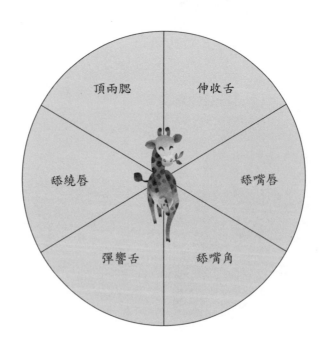

(二) 活動內容

活動名稱		活動目標
活動一	我是取票機	舌頭伸出伸入
活動二	升旗	把舌頭伸出外面再往上翹
活動三	我會拖地	舌頭向左右嘴角移動
活動四	甜甜圈	舌頭在口內左右移動推抵臉頰內側
活動五	搖尾巴	用舌尖舔上下唇
活動六	小狗喝水	舌頭抵下齒內側
活動七	舌頭牙刷	舌頭在牙齒外側轉動，做清潔牙齒狀
活動八	騎馬比賽	舌抵上顎發出馬蹄聲
活動九	雷聲雨聲	舌頭捲起抵軟顎再平坦

活動一 | 我是取票機

來來來，來取票，

提示 雙手搭起小屋頂，假裝自己是停車取票機，舌頭微吐。

停車取票我最行，

提示 輕按鼻子一下，舌頭緩慢吐出一次，以此類推。

輕按一下一張票，
輕按兩下兩張票，

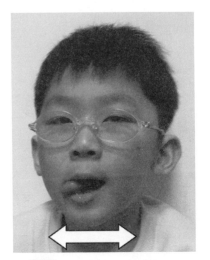

提示 舌頭左右連續擺動。

歡迎您再度光臨！

活動二 ┃ 升旗

1、2、3，

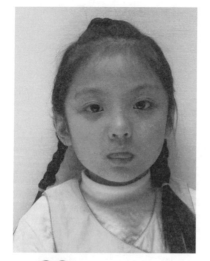

提示 舌頭緩慢吐出。

升旗去，

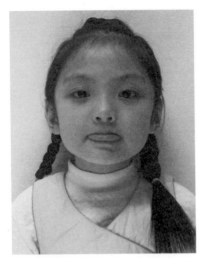

提示 舌頭緩慢往上翹。

旗子慢慢爬高高，

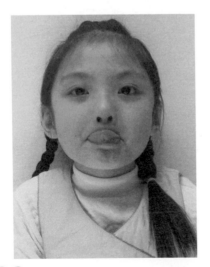

提示 舌頭以向上翹的動作持續往上。

加油！加油！
升到最頂端！

活動三 ┃ 我會拖地

我是一支小拖把，

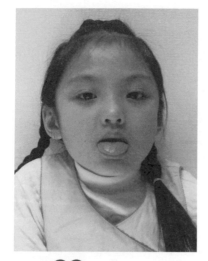

來來回回最靈活，

提示 舌頭吐出。

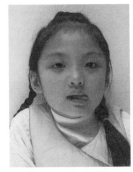 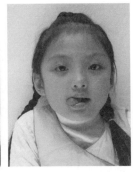

提示 舌頭向左嘴角移動，再向右嘴角來回移動。

拖到左，拖到右，

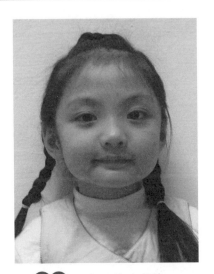

提示 做出微笑的表情。

清潔溜溜！

 活動四 ┃ 甜甜圈

畫一個甜甜圈送給你,

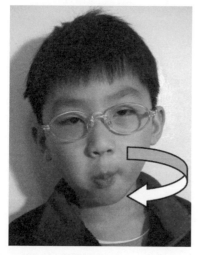

提示 舌頭在口內順時鐘移動,推抵臉頰內側。

順時鐘,

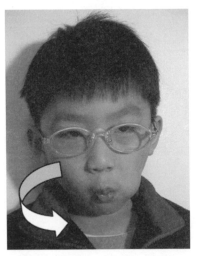

提示 舌頭在口內逆時鐘移動，推抵臉頰內側。

逆時鐘，
好多個甜甜圈送給你。

 活動五｜搖尾巴

提示 舌頭吐出。

我是一條長長的尾巴，

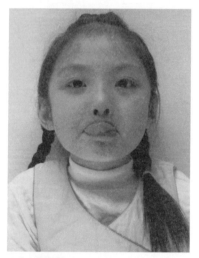

提示 用舌尖舔上唇。

高興的時候，舉高高！

難過的時候，垂低低。

提示 伸出一點舌頭舌尖在下嘴唇上，用舌尖
舔下唇。

這就是我！

提示 做出微笑的表情。

 | 活動六 | 小狗喝水

小狗狗，想喝水，

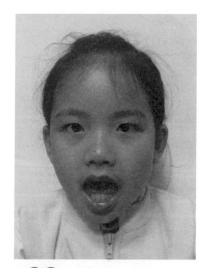

提示 舌頭抵住下齒內側。

嘿嘿嘿，

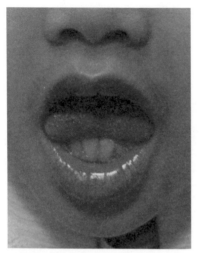

提示 舌頭用力維持向下的動作。

哈哈哈，
咕嚕咕嚕，喝下水！

活動七 | 舌頭牙刷

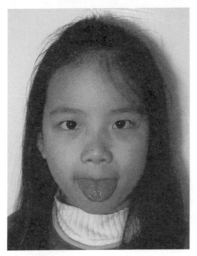

提示 假裝舌頭是牙刷。

刷刷牙，

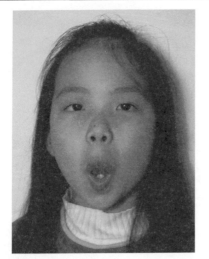

提示 舌頭在上排牙齒內外側轉動，做清潔牙
齒狀。

刷刷上面，

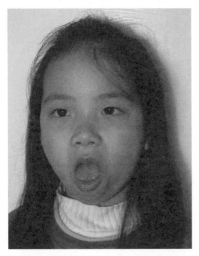

提示 舌頭在下排牙齒內外側轉動，做清潔牙齒狀。

刷刷下面，

提示 做出微笑的表情。

蟲蟲不見了！

活動八 | 騎馬比賽

騎馬比賽,

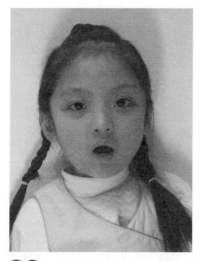

ㄎㄡ～ㄌㄡ,
ㄎㄡ～ㄌㄡ,

提示 舌頭捲舌,做出馬蹄聲。

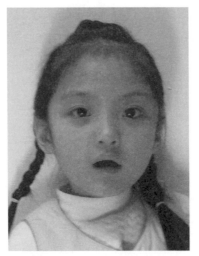

提示 馬蹄聲的節奏變快。

ㄎㄡ～ㄌㄡ，
ㄎㄡ～ㄌㄡ，
到底最後誰贏了？

 | **活動九** | **雷聲雨聲**

聽！

打雷了！

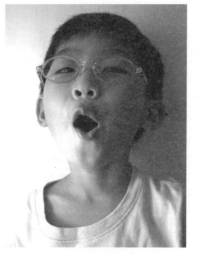

轟隆轟隆，轟隆轟隆，

提示 舌頭捲起從齒槽後掃至軟顎再掃回來，
強調「ㄌㄨㄥ」的音。

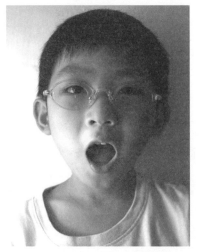

提示 舌頭捲起從齒槽後掃至軟顎再掃回來，強調「ㄌㄚ」的音。

聽！下雨了！

唏哩嘩啦，唏哩嘩啦。

四、下頜活動 🔊

下頜活動主要乃為促進下頜整體的動作靈活度，有助於進食咀嚼動作的穩定度、嘴唇張合的大小和口型變化的控制，並增進未來發音上的清晰度。

(一) 目標動作

下頜活動主要目標為提供孩子下頜上下、左右控制、張嘴牙齒咬合和下頜旋轉動作的練習機會，增進孩子下頜動作的靈活度。

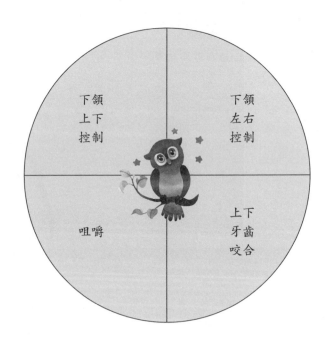

(二) 活動內容

活動名稱		活動目標
活動一	長鬍子老公公	下頜上下控制
活動二	向左向右轉	下頜左右控制
活動三	狼來了	下頜左右控制
活動四	河馬張大嘴	張嘴開合動作
活動五	切切切	上下牙齒咬合
活動六	小老鼠吃乳酪	咀嚼動作

 活動一 長鬍子老公公

長鬍子，老公公，

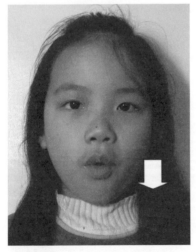

提示 下頷稍微往下用力。

長長鬍子，長又長！

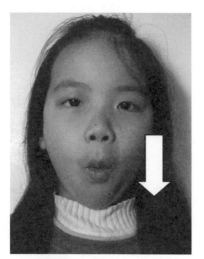

提示 下頜往下用力。

拉一根鬍子，唉唷！

 活動二｜向左向右轉

1、2、3、

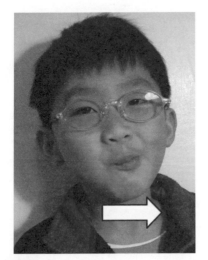

提示 以嘴巴帶動下頷稍微往左動。

向左轉！

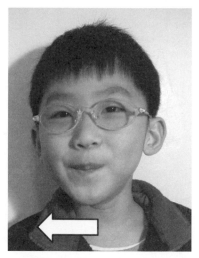

再向右轉！

跑，跑，跑！

提示 以嘴巴帶動下領稍微往右動；接著可鼓勵孩子下領左右移動的速度加快。

活動三 狼來了

狼來了，

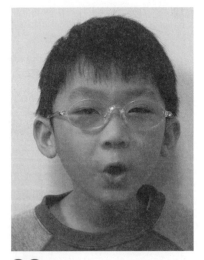

提示 誇大「ㄨ」的嘟唇嘴型。

ㄚ～ㄨ～

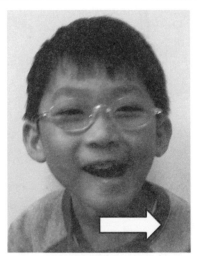

提示 維持「ㄨ」的微嘟唇嘴型，將下頜移到
左邊。

狼在叫，
ㄚ～ㄨ～

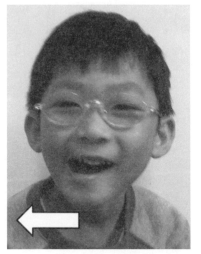

提示 維持「ㄨ」的微嘟唇嘴型，將下頜移到
右邊。

狼在跑，
ㄚ～ㄨ～

 活動四 河馬張大嘴

河馬先生好想睡，

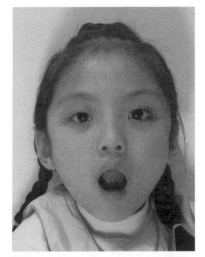

愛張大嘴打呵欠，

提示 鼓勵孩子下顎用力、張嘴。

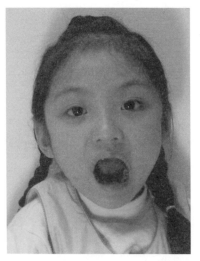

提示 鼓勵孩子下顎用力，張嘴作勢打呵欠。

哈～

提示 鼓勵孩子下顎用力，嘴張更大打呵欠，
還可以用手輔助。

哈～好想睡。

 │活動五│切切切

我是小菜刀，

會切蘋果，

切！

提示 強調嘴唇張合、上下齒相碰一聲。

提示 強調嘴唇張合、上下齒相碰二聲。

會切梨子，
切，切！

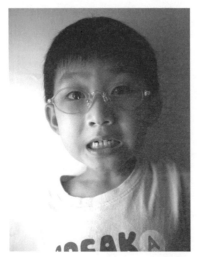

提示 強調嘴唇張合幅度更大、上下齒相碰三聲。

還會切大西瓜！
切，切，切！

 活動六 | 小老鼠吃乳酪

小老鼠吃乳酪，

提示 鼓勵孩子張嘴作勢咬一口。

咬一口，

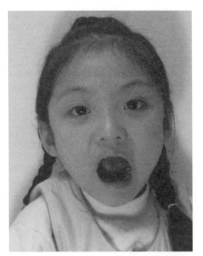

提示 鼓勵孩子張嘴作勢咬第二口。

再咬一口，
ㄚ～m～

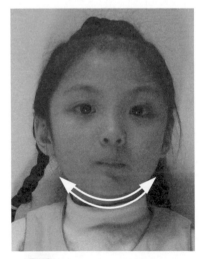

提示 鼓勵孩子左右咀嚼。

乳酪真好吃！

做做看

活動名稱	
活動目標	

<table>
<tr><td rowspan="2">進行圖示</td><td>圖片一</td><td>圖片二</td></tr>
<tr><td>圖片三</td><td>圖片四</td></tr>
</table>

貳　口腔動作活動

一、嘴唇遊戲

　　嘴唇遊戲主要是以遊戲的方式促進口腔整體的協調運動能力，減少可能因嘴唇肌肉或動作問題引起的流口水、食物溢出、唇音不清等問題。

(一) 目標動作

　　本遊戲設計有十個活動，主要目標為鼓勵兒童練習嘟唇、拉唇、抿唇、鼓腮、嘴唇張合及嘴角肌肉控制。

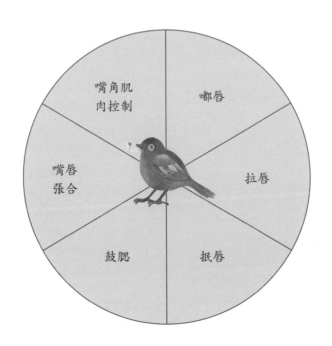

(二) 活動內容

	活動名稱	活動目標
活動一	套圈圈	嘟唇動作練習
活動二	猜猜我有多愛你	嘟唇動作、嘴唇張合動作練習
活動三	笑開懷	拉唇動作練習
活動四	拍照，笑一個	拉唇動作練習
活動五	拔河	抿唇動作練習
活動六	拉下來	抿唇動作練習
活動七	裝水比賽	鼓腮動作練習
活動八	打鼓	鼓腮動作練習
活動九	瞄準發射	嘟唇動作及送氣練習
活動十	一個接一個	嘴角肌肉控制練習

活動一 | 套圈圈

活動目標	嘟唇動作練習
準備教材	直徑 5 公分左右的橡皮筋數條
事前準備	無
遊戲方法	1. 鼓勵孩子嘟唇。 2. 請孩子維持嘟唇動作 30 秒。 3. 由互動者或孩子自己套上橡皮筋，看看最多套幾個。

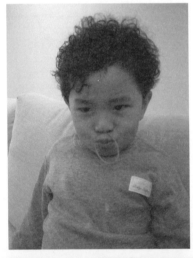

←互動者可以一邊唱數，鼓勵孩子維持嘟唇
動作！

互動者記錄手札	
遊戲提示	1. 一開始可先嘗試套一條橡皮筋，等孩子動作維持穩定再增加圈數。 2. 過程中，可讓孩子選擇喜愛顏色的橡皮筋，增加孩子的興趣。 3. 若孩子嘴唇較小，可選擇直徑較小的橡皮筋進行活動。
活動變化	除了套上橡皮筋，還可以換成套髮圈、在人中上放筆……我還想到可以替換成——
孩子表現	☺ ☺ ☺ ☺ ☺

 活動二 | 猜猜我有多愛你

活動目標	嘟唇動作、嘴唇張合動作練習
準備教材	有色唇膏、衛生紙
事前準備	無
遊戲方法	1. 將有色脣膏擦在孩子嘴唇上，然後讓孩子在衛生紙上印上唇形。 2. 鼓勵孩子練習印不同唇形，如：嘴唇嘟一點點、微嘟、嘟很大的嘴型印。 3. 互動者和孩子自己一起嘗試，看看可變化出幾種形狀。

←鼓勵孩子變化不同唇形！

互動者記錄手札	
遊戲提示	1. 在孩子唇上擦上有色唇膏時，可先擦在孩子手上，看看是否有過敏反應再塗抹在唇上。 2. 過程中，可讓孩子變化不同程度的嘟唇，增加孩子的興趣。
活動變化	除了在唇上擦有色唇膏，還可以換成沾果汁，也可以利用吃完飯嘴巴油油時⋯⋯我還想到可以替換成——
孩子表現	☺ ☺ ☺ ☺ ☺

活動三 ┃ 笑開懷

活動目標	拉唇動作練習
準備教材	捲尺、鏡子
事前準備	無
遊戲方法	1. 互動者可先示範，隨著捲尺拉長，笑容左右拉大和捲尺長度一樣長。 2. 鼓勵孩子對著鏡子將示範動作模仿一遍。 3. 比賽誰的笑容最燦爛！

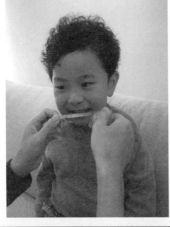

←「一」，笑一個，看看誰的笑容最燦爛！

互動者記錄手札	
遊戲提示	1. 鼓勵孩子在進行時，一邊發出「嘻」的聲音，一邊將左右嘴角拉至與捲尺等長。 2. 此動作在練習嘴唇左右拉開的動作，因此需要誇張的示範，並可多準備不同可捲起、拉長的物品練習，增加趣味性。
活動變化	除了捲尺，還可換成麵包捲、起司捲……我還想到可以替換成——
孩子表現	☺ ☺ ☺ ☺ ☺

 活動四 ┃ 拍照，笑一個

活動目標	拉唇動作練習
準備教材	相機
事前準備	無
遊戲方法	1. 讓孩子練習發出「ㄑ、YA」的聲音，拍攝的互動者也可以手指比出數字「1」，讓孩子一邊被拍攝時、一邊回答手指比出的數字。 2. 互動者可以和孩子輪流幫對方拍照，看誰的笑容最燦爛。

←拍照，笑一個！看看
我的手比什麼！

互動者記錄手札	
遊戲提示	1. 互動者可先陪孩子發出「1、ㄑ、YA」聲音時的嘴型。 2. 若孩子不會操作相機，可改為互動者幫孩子拍照的方式即可。
活動變化	除了發出「1、ㄑ、YA」，我還想到可以替換成──
孩子表現	☺ ☺ ☺ ☺ ☺

活動五 | 拔河

活動目標	抿唇動作練習
準備教材	鱈魚香絲
事前準備	無
遊戲方法	1. 將鱈魚香絲抿在唇上，讓另一人拉一邊，計時 10 秒，看看誰獲勝。 2. 活動採輪流進行的方式，鼓勵孩子嘴唇要抿緊，別讓鱈魚香絲被拉走囉！

←1、2，1、2，看看誰獲勝！

互動者記錄手札	
遊戲提示	1. 輪到孩子抿唇時，互動者拉的力道不必太大，孩子有達到練習嘴唇抿緊即可。 2. 提醒孩子不能用咬的。
活動變化	除了鱈魚香絲，還可以換成脆迪酥、牛奶棒⋯⋯我還想到可以替換成——
孩子表現	☺ ☺ ☺ ☺ ☺

 活動六｜拉下來

活動目標	抿唇動作練習
準備教材	曬衣夾、糖果紙
事前準備	將糖果紙用曬衣夾夾起
遊戲方法	1. 互動者將糖果紙用曬衣夾夾起，紙緣位置約在孩子的嘴唇高度。 2. 互動者示範以抿唇的方式，將糖果紙拉下來。 3. 鼓勵孩子試看看，將糖果紙小心拉下來。

←提醒孩子將糖果紙拉下來，小心，別撕破
　了喔！

互動者記錄手札	
遊戲提示	活動使用的曬衣夾，可視孩子能力調整選用不同緊度的夾子。
活動變化	除了夾糖果紙，還可以換成夾塑膠袋、小紙袋……我還想到可以替換成——
孩子表現	☺ ☺ ☺ ☺ ☺

活動七 | 裝水比賽

活動目標	鼓腮動作練習
準備教材	開水、四個杯子
事前準備	將等量的開水裝在兩個杯子中，其他兩個杯子不裝水
遊戲方法	1. 互動者先示範將第一個杯子中的開水含著，再吐入另一空杯中。 2. 換孩子試試看，提醒孩子不能吞下去，將含住的開水吐在另一個空杯子中。 3. 活動採輪流進行的方式，誰的杯子中裝最多開水就是贏家！

←1、2，1、2，看看誰獲勝！

互動者記錄手札	
遊戲提示	1. 開水量可先以少量進行，視孩子能力再調整水量。 2. 提醒孩子活動中不嬉戲，以免嗆到。
活動變化	除了裝開水，還可以換成牛奶、果汁……我還想到可以替換成——
孩子表現	☺ ☺ ☺ ☺ ☺

|活動八|打鼓

活動目標	鼓腮動作練習
準備教材	無
事前準備	無
遊戲方法	1. 互動者先示範吸一口氣、臉頰鼓腮。 2. 互動者以手指輕拍鼓腮的臉頰，發出如打鼓的聲音。 3. 換孩子試試看，提醒孩子鼓不能破掉，所以要維持鼓腮的動作喔！

←咚、咚、咚、咚，我也會打鼓！

互動者記錄手札	
遊戲提示	1. 拍打臉頰的力道適中，避免孩子感到疼痛。 2. 活動也可加入簡單的節奏，如：1、2、1、2。
活動變化	除了用手指輕拍鼓腮的臉頰，還可以換成用原子筆，聽聽看聲音是否有不一樣……我還想到可以替換成——
孩子表現	☺ ☺ ☺ ☺ ☺

活動九 瞄準發射

活動目標	嘟唇動作及送氣練習
準備教材	翠果子數顆、盤子一個
事前準備	將盤子置於離孩子 15 公分處的桌上
遊戲方法	1. 鼓勵孩子將翠果子放入嘴中，然後朝盤子的方向吐出（發出ㄆㄨ的聲音）。 2. 互動者可以和孩子一同比賽，看看誰的盤中翠果子最多。

←提醒孩子要瞄準後再發射，最後盤子裡最
　多翠果子的人就是贏家喔！

互動者記錄手札	
遊戲提示	蒐集翠果子的盤子大小或距離可視孩子的表現調整，如：當孩子難以達成時，可縮短距離或換成直徑較大的盤子進行。
活動變化	除了翠果子，還可以換成葡萄乾、巧克力米果豆……我還想到可以替換成——
孩子表現	☺ ☺ ☺ ☺ ☺

|活動十| 一個接一個

活動目標	嘴角肌肉控制練習
準備教材	橡皮筋、吸管、盒子
事前準備	無
遊戲方法	1. 互動者手拿一根吸管，並套一條橡皮筋。 2. 請孩子口含一根吸管，將橡皮筋套入，再放到盒中。 3. 互動者可以計時，看看孩子 30 秒內可以得到幾條橡皮筋。

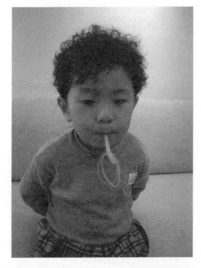

←一個接一個，小心不能掉下來喔！

互動者記錄手札	
遊戲提示	吸管的長短可視孩子的能力調整，如：當孩子難以達成時，可剪短一些，比較容易控制力道。
活動變化	除了橡皮筋，還可以換成髮圈、塑膠束口繩……我還想到可以替換成——
孩子表現	☺ ☺ ☺ ☺ ☺

二、吹氣遊戲 🔊

　　吹氣遊戲主要是以遊戲的方式，促進嘴唇及氣流整體的協調運動能力，減少可能因吹氣氣量或動作問題引起的肺活量不足、音量過小、說話不清等問題。

(一) 目標動作

　　吹氣動作的遊戲安排，因需要搭配嘴唇動作，故練習前應具備嘴唇能熟練做出嘟唇等動作能力，假設孩子嘟唇動作不熟練、嘴唇肌肉控制不佳，或本書的嘴唇活動不熟練，則孩子練習至本活動時可能會產生較多困難，故建議重複練習嘴唇遊戲，俟孩子嘴唇動作熟練後再開始本活動的練習。

　　本遊戲計有十個活動，主要目標為練習吹氣的氣量及氣量大小的控制及氣流的方向控制。

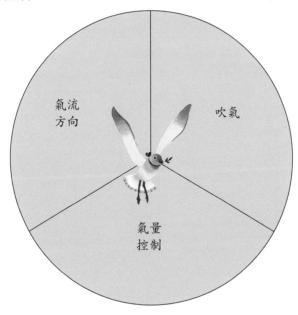

(二) 活動內容

活動名稱		活動目標
活動一	吹泡泡	吹氣練習
活動二	水中泡泡	吹氣練習
活動三	鏡子畫	吹氣練習
活動四	不倒翁	氣量控制練習
活動五	塑膠袋氣球	氣量控制練習
活動六	丟紙屑	氣流方向控制練習
活動七	夾心酥積木	氣流方向控制練習
活動八	投球好手	氣量及氣流方向控制練習
活動九	過生日	氣量及氣流方向控制練習
活動十	口哨糖	氣量及氣流方向控制練習

活動一 吹泡泡

活動目標	吹氣練習
準備教材	泡泡水
事前準備	帶孩子至空曠的空地
遊戲方法	1. 互動者先示範吹氣動作：先誇張嘟唇，深吸一口氣後，嘴唇再對著吹泡泡的管孔慢慢送氣，讓泡泡愈變愈大。 2. 換孩子試試看，讓孩子先嘟唇，練習吹氣動作。 3. 輪流吹泡泡的活動，比賽誰的泡泡吹最大、飛最遠。

←呼～呼，看看誰的泡泡吹最大！

互動者記錄手札	
遊戲提示	若孩子在嘟唇吹氣上有困難，可在孩子熟練嘟唇動作後再練習。
活動變化	除了泡泡水，還可以換成吹水中紙船……我還想到可以替換成——
孩子表現	☺ ☺ ☺ ☺ ☺

活動二 水中泡泡

活動目標	吹氣練習
準備教材	杯子、開水、吸管
事前準備	將開水盛裝至杯子 1/2 處
遊戲方法	1. 互動者先示範吹氣動作：利用吸管慢慢吹一口氣，讓杯子中的水發出ㄅㄛㄅㄛ的聲音。 2. 換孩子試試看，讓孩子練習吹氣動作。 3. 輪流在水中吹泡泡，比賽誰發出的聲音最大聲、泡泡最多。

←呼～呼，看看誰發出的聲音最大聲、吹出的泡泡最多！

互動者記錄手札	
遊戲提示	吸管口徑的大小可視孩子的能力調整，如：當孩子難以達成時，可換口徑小一點的吸管。
活動變化	除了可以利用開水在杯中吹泡泡，還可以換成果汁、牛奶……我還想到可以替換成——
孩子表現	☺ ☺ ☺ ☺ ☺

 活動三 | 鏡子畫

活動目標	吹氣練習
準備教材	鏡子
事前準備	將鏡子置放在桌面上
遊戲方法	1. 互動者先示範朝鏡子哈一口氣的動作：先誇張張唇，深吐一口氣，讓鏡子產生霧氣，再畫上喜歡的圖案，如：笑臉。 2. 換孩子試試看練習吹氣動作，動手畫看看。

←哈～哈，鏡子也可以
是畫紙！

互動者記錄手札	
遊戲提示	鏡面上霧氣的產生需要溫度較低的環境，互動者可先將鏡子放置冰箱冷凍 5 分鐘左右，拿出來哈氣就可以成為畫紙囉！
活動變化	除了可以利用鏡子練習吹氣，還可以換成透明的玻璃窗……我還想到可以替換成——
孩子表現	☺ ☺ ☺ ☺ ☺

活動四 | 不倒翁

活動目標	氣量控制練習
準備教材	鋁箔包飲料三瓶、膠帶
事前準備	準備一個空的鋁箔包、一個剩下 1/5 飲料的鋁箔包，並將吸管插孔先用膠帶封住，另外再準備一瓶相同包裝的未開封鋁箔包
遊戲方法	1. 互動者將三個相同外包裝的鋁箔包飲料放置桌面，示範不同氣量的吹氣動作，努力將鋁箔包都吹倒下來。 2. 換孩子自己也來挑戰鋁箔包不倒翁，看看哪一瓶是真正的不倒翁。

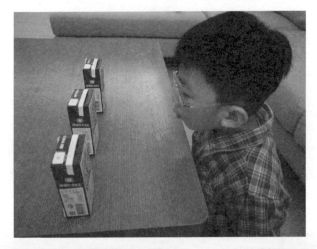

←呼～呼，看看誰是不
　倒翁！

互動者記錄手札	
遊戲提示	鋁箔包的大小選擇可視孩子能力，若孩子剛開始練習，可先由容量大約 250 毫升的小鋁箔包裝飲料練習。
活動變化	除了鋁箔包飲料，還可以換成小瓶裝的保特瓶……我還想到可以替換成——
孩子表現	☺ ☺ ☺ ☺ ☺

活動五 | 塑膠袋氣球

活動目標	氣量控制練習
準備教材	大小不同的塑膠袋各一個
事前準備	無
遊戲方法	1. 互動者將塑膠袋壓緊唇緣吹氣：誇張嘟唇深呼一口氣，看看哪一個塑膠袋氣球要吹最多氣。 2. 換孩子試試看，讓孩子先嘟唇，練習吹氣動作。

←呼～呼，看看誰的氣球吹最大！

互動者記錄手札	
遊戲提示	1. 利用塑膠袋氣球，可建立孩子的自信心，也達到練習的效果。塑膠袋的大小可視孩子的能力加以調整。 2. 若孩子無法將塑膠袋口按壓好，可放入一根吸管，利用塑膠袋束繩將袋口束緊或用手將袋口捏緊吹氣。
活動變化	除了利用塑膠袋吹氣，還可換成氣球……我還想到可以替換成──
孩子表現	☺ ☺ ☺ ☺ ☺

活動六 | 丟紙屑

活動目標	氣流方向控制練習
準備教材	紙張、垃圾桶
事前準備	紙張裁剪為約 2 公分×2 公分的紙片
遊戲方法	1. 將裁剪好的紙片放置桌面。 2. 在桌緣放置一個垃圾桶。 3. 請孩子對著紙片吹氣，帶著它們前進垃圾桶。

←吹～吹～將紙屑吹進垃圾桶裡！

互動者記錄手札	
遊戲提示	1. 若孩子吹得太大力或太小力，可適時提醒孩子調整。 2. 若互動者發現孩子難以控制氣流方向，可使用吸管輔助吹氣，唯使用吸管時須稍微修剪長度，以避免孩子不慎插入喉嚨。 3. 紙張送達的距離可設定在 30 至 45 公分左右，並可視兒童能力調整距離長短。
活動變化	除了一般小紙片紙屑，還可以換成紙板、衛生紙……我還想到可以替換成——
孩子表現	☺ ☺ ☺ ☺ ☺

| 活動七 | 夾心酥積木

活動目標	氣流方向控制練習
準備教材	長形夾心酥
事前準備	將夾心酥切成約為 1 公分×4 公分大小的長形積木狀垂直排列，並維持相同間距
遊戲方法	鼓勵孩子深吸一口氣朝夾心酥積木列吹氣，看看一共吹倒多少個。

←看看一口氣可以吹倒幾個喔！

互動者記錄手札	
遊戲提示	在遊戲時，可以提示孩子先吹第一個，這樣就可以吹一個，而能全部都倒喔！
活動變化	除了長方形夾心酥，還可以換成塑膠積木……我還想到可以替換成——
孩子表現	☺ ☺ ☺ ☺ ☺

活動八 ｜ 投球好手

活動目標	氣量及氣流方向控制練習
準備教材	塑膠空心球
事前準備	無
遊戲方法	1. 兩人面對面站在桌子兩側，相距約 30 公分，開始一人發球、一人接球的遊戲。 2. 互動者先示範吹氣動作：先誇張嘟唇、吹一口氣後，將球吹到對方面前，對方以手接球。吹出桌面就犯規囉！ 3. 換孩子試試看，練習氣量、氣流方向控制。 4. 輪流發球，比賽誰才是真正的投球好手。

←吹～接住，我才是真正
的投球好手！

互動者記錄手札	
遊戲提示	球體的重量可視孩子的能力調整，如：當孩子能簡單達成時，可換一個實心的塑膠球，增加氣量和氣流方向控制上的難度。
活動變化	除了塑膠空心球，還可以換成乒乓球、紙團……我還想到可以替換成——
孩子表現	☺ ☺ ☺ ☺ ☺

活動九 | 過生日

活動目標	氣量及氣流方向控制練習
準備教材	蠟燭
事前準備	將蠟燭插在蛋糕上
遊戲方法	1. 請孩子唱完生日快樂歌後,許下願望吹熄蠟燭。 2. 請孩子預備吸一大口氣,將蠟燭都吹熄喔!

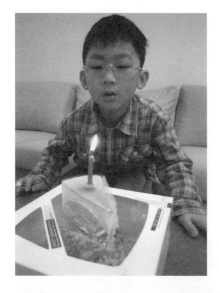

←生日快樂!要一口氣吹熄蠟燭願望才會
實現喔!

互動者記錄手札	
遊戲提示	吹蠟燭的距離可視兒童能力調整長短,若孩子吹得太大力或太小力,可適時提醒孩子調整。
活動變化	除了吹蠟燭,我還想到可以替換成——
孩子表現	☺ ☺ ☺ ☺ ☺

 ## 活動十 ｜ 口哨糖

活動目標	氣量及氣流方向控制練習
準備教材	口哨糖
事前準備	準備兒童熟悉的曲目，如：小星星
遊戲方法	互動者哼唱孩子熟悉的兒歌，鼓勵孩子跟著音樂的節拍吹哨子。

←鼓勵孩子跟著節拍，用哨子唱歌喔！

互動者記錄手札	
遊戲提示	1. 本活動主要以使用孩子熟悉的歌曲為主，讓孩子可以馬上掌握旋律練習吹氣。 2. 本活動也可直接使用哨子糖，用唸的方式唸出孩子熟悉的物品名或姓名，增加趣味性。 3. 使用口哨糖吹出旋律或講話時，請提醒孩子吞嚥口水。
活動變化	除了口哨糖，還可以換成笛子、哨子……我還想到可以替換成——
孩子表現	☺ ☺ ☺ ☺ ☺

三、舌頭遊戲

舌頭遊戲主要是以遊戲的方式，促進舌頭整體的協調運動能力，減少可能因舌頭肌肉或動作問題引起的食物溢出、進食困難、說話不清等問題。

(一) 目標動作

本遊戲設計有十個活動，主要目標為練習舌頭各個位置（包含上下、左右、旋轉、上頂、前伸、後縮等）的穩定度及靈活度。

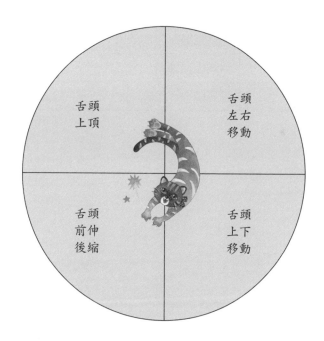

(二) 活動內容

活動名稱		活動目標
活動一	我會寫數字	舌頭上下、左右移動練習
活動二	神奇橡皮擦	舌頭上下、左右移動練習
活動三	捉迷藏	舌頭上下、左右移動練習
活動四	時鐘滴答滴	舌頭上下、左右移動練習
活動五	吃吃看	舌頭前伸練習
活動六	喝水	舌頭後縮練習
活動七	手拉手	舌頭上頂練習
活動八	造橋鋪路	舌頭後縮、上頂練習
活動九	清道夫	舌頭上頂練習
活動十	扮鬼臉	舌頭前伸、後縮、上下、左右移動練習

┃活動一┃ 我會寫數字

活動目標	舌頭上下、左右移動練習
準備教材	果醬、吐司、碟子
事前準備	將果醬擠在碟子上
遊戲方法	1. 互動者先示範用舌頭寫出數字，如：1、2、3。 2. 鼓勵孩子用舌頭沾取果醬。 3. 互動者可請孩子在吐司上寫出指定的數字。

←提醒孩子寫數字時只有舌頭可以移動喔！

互動者記錄手札	
遊戲提示	本活動主要以指示孩子寫出或畫出熟悉的數字為主，若孩子對數字不熟悉，也可畫出其他圖案，如：圓形、三角形。
活動變化	除了果醬，也可以換成果汁……我還想到可以替換成——
孩子表現	☺ ☺ ☺ ☺ ☺

 活動二｜神奇橡皮擦

活動目標	舌頭上下、左右移動練習
準備教材	夾心餅乾
事前準備	無
遊戲方法	1. 互動者先示範用舌頭左右、上下舔掉夾心餅乾中的餡。 2. 換孩子試試看，鼓勵孩子用舌頭也將夾心餅乾的餡舔乾淨。 3. 互動者可指示孩子舔的方向，如：先上後下，請孩子舌頭由下而上塗掉。

←擦、擦、擦，舌頭也是橡皮擦！

互動者記錄手札	
遊戲提示	本活動主要以指示孩子練習舌頭上下左右移動，若孩子對口語的方向指示不熟悉，可請孩子將夾心餅乾的餡舔食乾淨即可。
活動變化	除了舔夾心餅乾，也可以換成將果醬舔乾淨……我還想到可以替換成——
孩子表現	☺ ☺ ☺ ☺ ☺

活動三 捉迷藏

活動目標	舌頭上下、左右移動練習
準備教材	棒棒糖
事前準備	無
遊戲方法	1. 互動者利用棒棒糖以輕點的方式，鼓勵孩子舌頭上下左右運動。 2. 一開始可以點在嘴唇上下左右的部分，再慢慢拉長到嘴角的距離。

←找一找，看看棒棒糖在哪裡！

互動者記錄手札	
遊戲提示	若孩子以本體感覺找到棒棒糖的位置有困難，可以提供鏡子讓孩子更容易找到棒棒糖！
活動變化	除了棒棒糖，也可以換成塗果醬……我還想到可以替換成——
孩子表現	☺ ☺ ☺ ☺ ☺

活動四 時鐘滴答滴

活動目標	舌頭上下、左右移動練習
準備教材	時鐘
事前準備	無
遊戲方法	1. 互動者先示範利用舌頭跟著秒針一起轉動。 2. 鼓勵孩子也嘗試看看。 3. 互動者可請孩子用舌頭指出指定的時針和分針的位置，如：3：30，鼓勵孩子舌頭先向右，再向下。

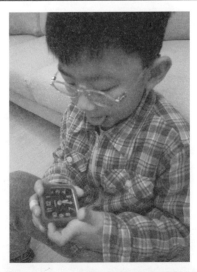

←鼓勵孩子照著鏡子，練習將舌頭伸長，上下左右動一動，看看現在幾點鐘！

互動者記錄手札	
遊戲提示	本活動主要是鼓勵孩子利用舌頭上下左右運動，若孩子對時間不熟悉，可單純請孩子指出位置即可。
活動變化	除了時鐘，也可換成以手勢指出位置……我還想到可以替換成──
孩子表現	☺ ☺ ☺ ☺ ☺

活動五 吃吃看

活動目標	舌頭前伸練習
準備教材	梅粉、碟子
事前準備	將梅粉盛裝在碟子中
遊戲方法	1. 互動者先示範利用舌頭前伸，以舌尖舔食梅粉。 2. 鼓勵孩子也嘗試看看。

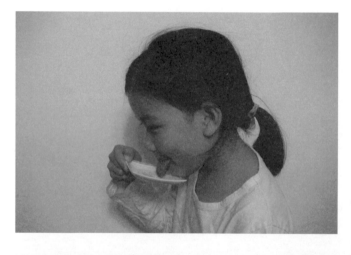

←嚐看看酸酸甜甜
的梅粉！

互動者記錄手札	
遊戲提示	本活動主要是鼓勵孩子利用舌頭維持前伸動作，可以視孩子的能力調整碟子的距離。
活動變化	除了舔食梅粉，也可以換成利用糯米紙或海苔以舌尖唾液沾濕劃破……我還想到可以替換成——
孩子表現	☺ ☺ ☺ ☺ ☺

活動六 喝水

活動目標	舌頭後縮練習
準備教材	開水、杯子
事前準備	將開水盛裝在杯中
遊戲方法	1. 互動者先示範將水含住，發出咕嚕、咕嚕的聲音，再喝下去。 2. 鼓勵孩子也試試看，咕嚕咕嚕喝口水。

←咕嚕咕嚕，我會喝水！

互動者記錄手札	
遊戲提示	本活動主要是鼓勵孩子舌頭後縮、發出咕嚕聲，進行時，喝的水量可先以一口的量練習起，再逐步增加。
活動變化	除了喝水，也可以換成無水漱口活動……我還想到可以替換成——
孩子表現	☺ ☺ ☺ ☺ ☺

活動七 手拉手

活動目標	舌頭上頂練習
準備教材	無
事前準備	和孩子相視對坐
遊戲方法	1. 互動者先示範一邊在拉孩子手時，一邊說「拉～拉～」，可將音拉長。 2. 鼓勵孩子拉你的手，也說「拉～拉～」。 3. 比賽看看誰的力氣最大喔！

←手拉手，我們都是好朋友！

互動者記錄手札	
遊戲提示	本活動主要以手拉手的動作，提示孩子一邊說「手『拉』手」音，練習舌頭上頂。
活動變化	除了手拉手，也可換成拉繩子或捲尺……我還想到可以替換成──
孩子表現	☺ ☺ ☺ ☺ ☺

|活動八 | 造橋鋪路

活動目標	舌頭後縮、上頂練習
準備教材	海苔
事前準備	將海苔裁剪為大約 3 公分 × 5 公分的大小
遊戲方法	1. 互動者先示範張大口發出「ㄚ」的聲音，維持舌頭後縮。 2. 示範者用舌頭將海苔朝上顎抵住，將海苔黏在上顎處。注意，是舌頭動、頭不能動喔！ 3. 鼓勵孩子將海苔用舌頭頂住上顎，小心不能掉下來喔！ 4. 比賽看看誰黏最牢！

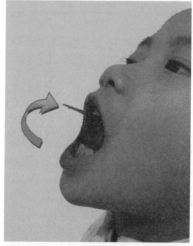

←看看誰是造橋鋪路的高手！

互動者記錄手札	
遊戲提示	1. 在嘴巴大開的狀態下，鼓勵孩子舌尖抵在上門牙的後端，輕輕緩慢的將舌頭後縮，但後縮的過程中請將舌尖持續的抵住上顎，舌尖抵著上顎持續的往後滑動，盡可能將海苔頂在上顎處。 2. 海苔遇到口水容易軟掉，若孩子難以達成，可幫孩子貼在上顎處，鼓勵孩子維持舌頭上頂、不讓海苔掉下來即可。 3. 海苔黏貼的位置避免太靠近咽喉，以免孩子不適。
活動變化	除了海苔，也可以換成起司薄片、薄的火腿片……我還想到可以替換成——
孩子表現	☺ ☺ ☺ ☺ ☺

活動九 | 清道夫

活動目標	舌頭上頂練習
準備教材	麻糬
事前準備	將麻糬黏在上顎處
遊戲方法	1. 先將麻糬黏在上顎處,互動者示範利用舌頭將麻糬推抵下來。 2. 鼓勵孩子也試試看,用舌頭將麻糬推下來。 3. 比賽看看誰的動作最快!

←試試看,用舌頭將麻糬取下來!

互動者記錄手札	
遊戲提示	小塊麻糬黏貼的位置避免太靠近咽喉,以免孩子感到不適。
活動變化	除了麻糬,還可以利用起司薄片、薄的蒟蒻片……我還想到可以替換成──
孩子表現	☺ ☺ ☺ ☺ ☺

活動十 | 扮鬼臉

活動目標	舌頭前伸、後縮、上下、左右移動練習
準備教材	無
事前準備	無
遊戲方法	1. 互動者以躲貓貓的方式，先用雙手擋住臉部，當雙手打開時做出舌頭前伸、後縮、上下或左右移動的鬼臉。 2. 鼓勵孩子也試試看。 3. 看看誰的鬼臉最可怕！

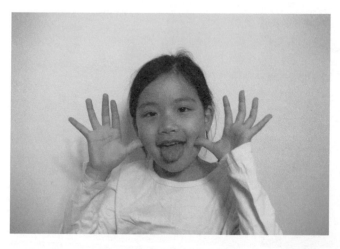

←看看誰的鬼臉最可怕！

互動者記錄手札	
遊戲提示	1. 互動者可以每次呈現一種鬼臉，如：舌頭前伸、舌頭向左。 2. 若孩子不太會扮鬼臉，互動者可以帶著孩子一起照鏡子練習。
活動變化	除了扮鬼臉……我還想到可以替換成──
孩子表現	☺ ☺ ☺ ☺ ☺

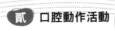

筆記頁

四、下頜遊戲

下頜遊戲主要是為增進下頜整體的動作靈活度，有助於進食咀嚼動作的穩定度、嘴唇張合的大小和口型變化的控制，並增進未來發音上的清晰度。

(一) 目標動作

下頜遊戲主要目標為提供孩子下頜上下、左右控制、張嘴牙齒咬合和下頜旋轉動作的練習機會，促進孩子下頜動作的靈活度。

(二) 活動內容

活動名稱		活動目標
活動一	彎彎的月亮	張嘴開合、下頜上下控制
活動二	搔搔癢	下頜左右控制
活動三	釘書機	張嘴上下牙相碰
活動四	嚼一嚼	下頜旋轉咀嚼動作

活動一 彎彎的月亮

活動目標	張嘴開合、下頜上下控制
準備教材	紙張、鏡子
事前準備	將紙張剪裁出不同彎度的月亮
遊戲方法	1. 互動者先示範依照拿到的裁剪的紙張月亮，張口、下頜調整做出相同大小彎彎月亮。 2. 換孩子試試看，對著鏡子張口做出一樣的大小的彎彎月亮。

←咦～看看誰的月亮最彎！

互動者記錄手札	
遊戲提示	月亮剪裁的大小可按照孩子的嘴型調整。
活動變化	除了以紙張裁剪月亮，還可以換成拉軟繩調整彎度……我還想到可以替換成──
孩子表現	☺ ☺ ☺ ☺ ☺

 活動二 | 搔搔癢

活動目標	下頜左右控制
準備教材	無
事前準備	無
遊戲方法	1. 互動者先示範用孩子的手背抵住自己的下巴，下頜左右移動的方式，幫孩子搔癢。 2. 換孩子來試試看。

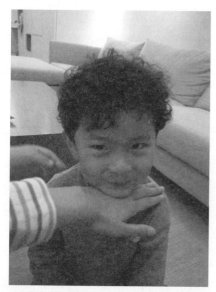

←搔搔癢，看誰能忍住不笑！

互動者記錄手札	
遊戲提示	互動者可以和孩子約定限時 10 秒內忍住不笑的人就是贏家。
活動變化	除了用下頜左右移動搔癢，我還想到可以替換成——
孩子表現	☺ ☺ ☺ ☺ ☺

活動三 釘書機

活動目標	張嘴上下牙相碰
準備教材	吐司
事前準備	無
遊戲方法	1. 互動者先示範張嘴上下牙相碰，將吐司輕咬出類似釘書針的齒痕。 2. 換孩子試試看，看看誰釘的最整齊。

←咦，看看誰釘的最整齊！

互動者記錄手札	
遊戲提示	吐司的大小或厚薄可視孩子的能力調整，也可以兩片疊在一起試試看。
活動變化	除了吐司，還可以換成軟糖、蛋塔……我還想到可以替換成——
孩子表現	☺ ☺ ☺ ☺ ☺

 活動四｜嚼一嚼

活動目標	下頜旋轉咀嚼動作
準備教材	蒟蒻條
事前準備	無
遊戲方法	1. 互動者先示範將蒟蒻條放入嘴中咀嚼，可誇張整體口腔動作的咀嚼。 2. 換孩子試試看，將蒟蒻條也放在嘴中，指示咀嚼一定的次數，如：二十下，才能吞下去。

←要嚼一嚼，才能吞下去喔！

互動者記錄手札	
遊戲提示	在鼓勵孩子咀嚼、運用整體口腔動作時，互動者可以挑選孩子喜愛，且比較需要咀嚼的食物。
活動變化	除了蒟蒻條，還可換成軟糖、口香糖……我還想到可以替換成——
孩子表現	☺ ☺ ☺ ☺ ☺

做做看

活動名稱	
活動目標	
準備教材	
事前準備	
遊戲方法	
活動照片	圖片

參 口腔輪替動作

　　當孩子開始自發性發出或模仿兩個音節以上的聲音時（如：媽～媽～），互動者即可陪伴孩子練習本活動，一開始可以固定的節律速度唸讀，等孩子熟練後，可變化唸讀速度的快慢。舉例而言，練習活動範例註記「X」為兩拍（互動者可在心中默數1、2），「x」則為一拍（互動者可在心中默數 1），或可配合手、腳打拍子協助孩子練習，實際的唸讀速度快慢，互動者可依孩子的狀況調整、變化節拍數。

一、目標動作 🔊

　　本活動目標動作共設計十個練習活動，主要以同調號字詞（如：「嚕」、「啦」都是一聲），結合臉頰、嘴唇、舌頭、下頜和吹氣動作等的口腔動作，針對初階的兒童可先以固定節律速度的交替動作練習，進階兒童則以快慢交錯的方式練習，透過一邊唸讀、一邊繪畫的遊戲方式，提升孩子整體口腔的靈活度。

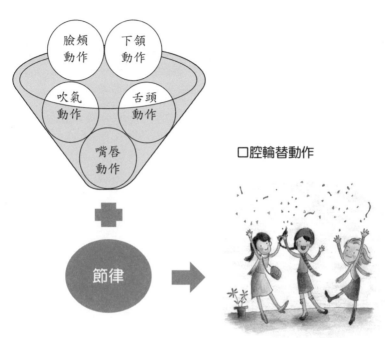

口腔輪替動作

二、活動內容

	活動名稱	活動目標
練習一	滴滴答答下雨了	嘴唇張合、左右拉伸、舌頭前伸、下顎動作練習
練習二	呼呼哈哈大風吹	嘟唇、吹氣、下顎動作練習
練習三	踢踢踏踏踢足球	嘴唇張合、左右拉伸、舌頭前伸、吹氣、下顎動作練習
練習四	嚕嚕拉拉出海去	嘴唇張合、嘟唇、舌頭前伸、下顎動作練習
練習五	霹靂啪啦放鞭炮	嘴唇張合、左右拉伸、舌頭前伸、吹氣、下顎動作練習
練習六	叭噗叭噗冰淇淋	嘴唇張合、嘟唇、吹氣、下顎動作練習
練習七	轟隆轟隆打雷了	嘴唇張合、彈響舌、吹氣、下顎動作練習
練習八	嘟嚕嘟嚕電話響	嘴唇張合、嘟唇、舌頭前伸、下顎動作練習
練習九	嘻哈嘻哈笑一個	嘴唇張合、左右拉伸、舌頭前伸、吹氣、下顎動作練習
練習十	媽咪媽咪長頭髮	嘴唇張合、左右拉伸、下顎動作練習

活動目標	嘴唇張合、左右拉伸、舌頭前伸、下頜動作練習
活動說明	1. 對於初階的兒童，請先以固定的速度反覆練習，當唸到「滴」時，可配合畫長一點的雨滴；唸到「答」時，畫短一點的雨滴。 2. 對於進階的兒童，可以快慢的速度交錯練習，當唸到「滴」時，可配合畫長一點的雨滴；唸到「答」時，畫短一點的雨滴。
初階練習	滴ㄉ 滴ㄉ X X 滴ㄉ 滴ㄉ X X 答ㄉㄚ 答ㄉㄚ x x 答ㄉㄚ 答ㄉㄚ x x
進階練習	滴ㄉ 滴ㄉ 答ㄉㄚ X X x 答ㄉㄚ 答ㄉㄚ 滴ㄉ x x X 滴ㄉ 滴ㄉ 答ㄉㄚ 答ㄉㄚ X X x x 答ㄉㄚ 答ㄉㄚ 滴ㄉ 滴ㄉ x x X X 滴ㄉ 答ㄉㄚ 滴ㄉ 答ㄉㄚ X x X x

┃練習一┃ 滴滴答答下雨了

學前兒童口腔動作遊戲 活動手冊

一玩就上手

動手畫　滴滴答答下雨了

學前兒童口腔動作遊戲
活動手冊

| 練習二 | 呼呼哈哈大風吹

活動目標	嘟唇、吹氣、下頷動作練習
活動說明	1. 對於初階的兒童，請先以固定的速度反覆練習，當唸到「呼、哈」時，可配合畫出和音一樣長的風。 2. 對於進階的兒童，可以快慢的速度交錯練習，當唸到「呼」時，可配合畫吹大一點的風；唸到「哈」時，畫吹小一點的風，一起吹出大小不同的風！
初階練習	呼ㄡ 呼ㄡ X　X 哈ㄚ 哈ㄚ x　x 呼ㄡ 呼ㄡ 呼ㄡ X　X　X 哈ㄚ 哈ㄚ 哈ㄚ x　x　x
進階練習	呼ㄡ 呼ㄡ 哈ㄚ X　X　x 哈ㄚ 哈ㄚ 呼ㄡ x　x　X 呼ㄡ 呼ㄡ 呼ㄡ 哈ㄚ 哈ㄚ 哈ㄚ X　X　X　x　x　x 哈ㄚ 哈ㄚ 哈ㄚ 呼ㄡ 呼ㄡ 呼ㄡ x　x　x　X　X　X 呼ㄡ 哈ㄚ 呼ㄡ 哈ㄚ X　x　X　x

呼呼哈哈大風吹

練習三 ┃ 踢踢踏踏踢足球

活動目標	嘴唇張合、左右拉伸、舌頭前伸、吹氣、下頜動作練習
活動說明	1. 對於初階的兒童，請先以固定的速度反覆練習，當唸到「踢、踏」時，可配合畫出和音一樣長的圓圓足球。 2. 對於進階的兒童，可以快慢的速度交錯練習，當唸到「踢」時，可配合畫大一點的球；唸到「踏」時，畫小一點的球，一起畫出大小不同的足球吧！
初階練習	踢 踢 踢 X X X 踏 踏 踏 x x x 踢 踢 踢 X X X 踏 踏 踏 x x x
進階練習	踢 踢 踏 X X x 踏 踏 踢 x x X 踢 踢 踏 踏 X X x x 踏 踏 踢 踢 x x X X 踢 踏 踢 踏 X x X x

 踢踢踏踏踢足球

練習四 | 嚕嚕拉拉出海去

活動目標	嘴唇張合、嘟唇、舌頭前伸、下頷動作練習
活動說明	1. 對於初階的兒童，請先以固定的速度反覆練習，當唸到「嚕、拉」時，可配合畫出和音一樣長的海浪。 2. 對於進階的兒童，可以快慢的速度交錯練習，當唸到「嚕」時，可配合畫大一點的海浪；唸到「拉」時，畫小一點的泡泡，一起畫出大小不同的彎彎海浪吧！
初階練習	嚕ㄌㄨ 嚕ㄌㄨ 嚕ㄌㄨ 　X　　X　　X 拉ㄌㄚ 拉ㄌㄚ 拉ㄌㄚ 　x　　x　　x 嚕ㄌㄨ 嚕ㄌㄨ 拉ㄌㄚ 　X　　X　　x 拉ㄌㄚ 拉ㄌㄚ 嚕ㄌㄨ 　x　　x　　X
進階練習	嚕ㄌㄨ 嚕ㄌㄨ 拉ㄌㄚ 　X　　X　　x 拉ㄌㄚ 拉ㄌㄚ 嚕ㄌㄨ 　x　　x　　X 嚕ㄌㄨ 嚕ㄌㄨ 拉ㄌㄚ 拉ㄌㄚ 嚕ㄌㄨ 拉ㄌㄚ 　X　　X　　x　　x　　X　　x 拉ㄌㄚ 拉ㄌㄚ 嚕ㄌㄨ 嚕ㄌㄨ 拉ㄌㄚ 嚕ㄌㄨ 　x　　x　　X　　X　　x　　X 嚕ㄌㄨ 拉ㄌㄚ 嚕ㄌㄨ 拉ㄌㄚ 　X　　x　　X　　x

動手畫 嚕嚕拉拉出海去

┃練習五┃ 霹靂啪啦放鞭炮

活動目標	嘴唇張合、嘟唇、舌頭前伸、下頜動作練習
活動說明	1. 對於初階的兒童，請先以固定的速度反覆練習，當唸到「霹、靂」時，可配合畫出和音一樣長的鞭炮火花。 2. 對於進階的兒童，可以快慢的速度交錯練習，當唸到「霹」、「啦」時，可配合畫大一點的鞭炮火花；唸到「靂」、「啪」時，畫小一點，一起畫出尖尖鋸齒狀的鞭炮火花吧！
初階練習	霹ㄆ 霹ㄆ 霹ㄆ X　X　X 靂ㄌ 靂ㄌ 靂ㄌ x　x　x 靂ㄌ 靂ㄌ 靂ㄌ x　x　x 霹ㄆ 霹ㄆ 霹ㄆ X　X　X
進階練習	霹ㄆ 霹ㄆ 靂ㄌ X　X　x 啪ㄆ 啪ㄆ 啦ㄌ x　x　X 霹ㄆ 霹ㄆ 靂ㄌ 靂ㄌ X　X　x　x 啪ㄆ 啪ㄆ 啦ㄌ 啦ㄌ x　x　X　X 霹ㄆ 靂ㄌ 啪ㄆ 啦ㄌ X　x　x　X

動手畫　霹靂啪啦放鞭炮

	練習六 ┃ 叭噗叭噗冰淇淋
活動目標	嘴唇張合、嘟唇、吹氣、下頜動作練習
活動說明	1. 對於初階的兒童，請先以固定的速度反覆練習，當唸到「叭、噗」時，可配合畫出和音一樣長的冰淇淋。 2. 對於進階的兒童，可以快慢的速度交錯練習，當唸到「叭」時，可配合畫大一點的冰淇淋；唸到「噗」時，畫小一點，一起畫出冰冰涼涼的冰淇淋！
初階練習	叭ㄚ 叭ㄚ 叭ㄚ X　 X　 X 噗ㄨ 噗ㄨ 噗 　x　 x　 x 叭ㄚ 叭ㄚ X　 X 噗ㄨ 噗ㄨ 　x　 x
進階練習	叭ㄚ 叭ㄚ 噗ㄨ X　 X　 x 噗ㄨ 噗ㄨ 叭ㄚ 　x　 x　 X 叭ㄚ 叭ㄚ 噗ㄨ 噗ㄨ X　 X　 x　 x 噗ㄨ 噗ㄨ 叭ㄚ 叭ㄚ 　x　 x　 X　 X 叭ㄚ 噗ㄨ 叭ㄚ 噗ㄨ X　 x　 X　 x

 叭噗叭噗冰淇淋

練習七 ｜ 轟隆轟隆打雷了

活動目標	嘴唇張合、彈響舌、吹氣、下頜動作練習
活動說明	1. 對於初階的兒童，請先以固定的速度反覆練習，當唸到「轟、隆」時，可配合畫出和音一樣長的閃電。 2. 對於進階的兒童，可以快慢的速度交錯練習，當唸到「轟」時，可配合畫大一點的閃電；唸到「隆」時，畫小一點，一起畫出打雷時的閃電雷光吧！
初階練習	轟ˊ 轟ˋ X　X 隆ˊ 隆ˋ x　x 轟ˊ 轟ˋ 轟ˊ X　X　X 隆ˊ 隆ˋ 隆ˊ x　x　x
進階練習	轟ˊ 隆ˋ 轟ˋ X　x　X 隆ˊ 轟ˋ 隆ˋ x　X　x 轟ˊ 轟ˋ 隆ˊ 隆ˋ X　X　x　x 隆ˊ 隆ˋ 轟ˋ 轟ˊ x　x　X　X 轟ˊ 隆ˋ 轟ˋ 隆ˋ X　x　X　x

動手畫 **轟隆轟隆打雷了**

│練習八│ 嘟嚕嘟嚕電話響	
活動目標	嘴唇張合、嘟唇、舌頭前伸、下頜動作練習
活動說明	1. 對於初階的兒童，請先以固定的速度反覆練習，當唸到「嘟、嚕」時，可配合畫出和音一樣長的捲捲電話線。 2. 對於進階的兒童，可以快慢的速度交錯練習，當唸到「嘟」時，可配合畫捲得大一點的電話線；唸到「嚕」時，畫小一點，一起畫出捲捲的電話線吧！
初階練習	嘟ㄨ 嘟ㄨ 嘟ㄨ Ｘ　Ｘ　Ｘ 嚕ㄨ 嚕ㄨ 嚕ㄨ 　x　 x　 x 嘟ㄨ 嘟ㄨ Ｘ　Ｘ 嚕ㄨ 嚕ㄨ 　x　 x
進階練習	嘟ㄨ 嚕ㄨ 嘟ㄨ Ｘ　x　Ｘ 嚕ㄨ 嘟ㄨ 嚕ㄨ 　x　Ｘ　x 嘟ㄨ 嘟ㄨ 嚕ㄨ 嚕ㄨ Ｘ　Ｘ　x　 x 嚕ㄨ 嚕ㄨ 嘟ㄨ 嘟ㄨ 　x　 x　Ｘ　Ｘ 嘟ㄨ 嚕ㄨ 嘟ㄨ 嚕ㄨ Ｘ　x　Ｘ　x

動手畫 嘟嚕嘟嚕電話響

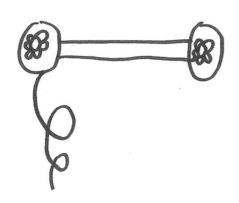

練習九 ┃ 嘻哈嘻哈笑一個

活動目標	嘴唇張合、左右拉伸、舌頭前伸、吹氣、下頜動作練習
活動說明	1. 對於初階的兒童，請先以固定的速度反覆練習，當唸到「嘻、哈」時，可配合畫出和音一樣長的嘴角上揚的微笑表情。 2. 對於進階的兒童，可以快慢的速度交錯練習，當唸到「嘻」時，可配合畫嘴角上揚大一點；唸到「哈」時，畫小一點，一起畫出可愛的笑臉吧！
初階練習	嘻ㄒ 嘻ㄒ X　X 哈ㄏ 哈ㄏ x　x 嘻ㄒ 嘻ㄒ X　X 哈ㄏ 哈ㄏ x　x
進階練習	嘻ㄒ 哈ㄏ 嘻ㄒ X　x　X 哈ㄏ 嘻ㄒ 哈ㄏ x　X　x 嘻ㄒ 嘻ㄒ 哈ㄏ 哈ㄏ X　X　x　x 哈ㄏ 哈ㄏ 嘻ㄒ 嘻ㄒ x　x　X　X 嘻ㄒ 哈ㄏ 嘻ㄒ 哈ㄏ X　x　X　x

 嘻哈嘻哈笑一個

練習十 | 媽咪媽咪長頭髮

活動目標	嘴唇張合、左右拉伸、下頜動作練習
活動說明	1. 對於初階的兒童，請先以固定的速度反覆練習，當唸到「媽、咪」時，可配合畫出和音一樣長的嘴角上揚的微笑表情。 2. 對於進階的兒童，可以快慢的速度交錯練習，當唸到「媽」時，可配合畫長一點的頭髮；唸到「咪」時，畫短一點的頭髮，一起幫媽咪畫出頭髮吧！
初階練習	媽ㄚ 媽ㄚ 　X　X 咪ㄇ 咪ㄇ 　x　x 媽ㄚ 媽ㄚ 媽ㄚ 　X　X　X 咪ㄇ 咪ㄇ 咪ㄇ 　x　x　x
進階練習	媽ㄚ 咪ㄇ 媽ㄚ 　X　x　X 咪ㄇ 媽ㄚ 咪ㄇ 　x　X　x 媽ㄚ 媽ㄚ 咪ㄇ 咪ㄇ 　X　X　x　x 咪ㄇ 咪ㄇ 媽ㄚ 媽ㄚ 　x　x　X　X 媽ㄚ 咪ㄇ 媽ㄚ 咪ㄇ 　X　x　X　x

動手畫 媽咪媽咪長頭髮

做做看 🔊

活動名稱	
目標音	
初階練習	
進階練習	
動手畫	圖片

肆 口腔動作歌曲

　　本部分利用坊間常使用的六首童謠，提供互動者陪伴孩子練習的示例，每首歌曲標記練習關鍵字詞，可參照遊戲方法中的舉例，當遇到關鍵字詞的歌詞時，互動者要提示孩子主動發出，並注意孩子該練習部位是否動作確實。

　　歌曲互動時，可由孩子唱關鍵字詞的歌詞的部分，其餘歌詞由互動者唱，也可截取部分歌詞加強練習，並參考在遊戲方法的遊戲提示中，提供依照孩子的能力調整難易度的方式。

　　本活動的主要目的在於促進兒童口腔動作在發音上的應用，而非專門針對發音清晰度的練習，因此，若孩子的口腔動作正確、清晰度稍差時，互動者仍應予以鼓勵，避免過分專注於發音清晰度上的要求。

一、目標動作

　　本活動主要是結合整體口腔動作的活動，並以一首歌曲中可最頻繁使用來練習口腔動作的歌詞做為關鍵詞標示，以提供互動者和孩子在快樂的歌聲中，自然練習口腔動作。

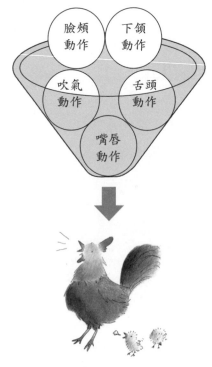

練習歌曲

二、活動內容

活動名稱		活動目標
曲目一	丁字丁個	嘴唇左右拉伸
曲目二	下雨了	嘴唇左右拉伸、彈響舌
曲目三	兩隻老虎	嘟唇、舌頭後縮、吹氣、下頜動作
曲目四	美麗的花	嘴唇左右拉伸、舌頭後縮、吹氣、下頜動作
曲目五	爆米花	嘴唇左右拉伸、嘟唇、吹氣、下頜動作
曲目六	哈巴狗	嘴唇張合、舌頭後縮、吹氣、下頜動作

三、延伸練習 🔊

除了變換童謠演唱的速度、強調關鍵詞之外，亦可以結合手部輕拍節奏的方式加以練習，進行的方式說明如下（林翠湄譯，2009）：

(一) 方式一：單邊雙邊對稱動作

依照每個規律的節拍在身體兩側重複相同的單一動作，如：將童謠「兩隻老虎」中的「老虎」加強練習，一邊唸著「老虎、老虎、老虎、老虎」，一邊輕拍膝蓋一定的次數，注意每次活動中僅輕拍身體的單一部位。

(二) 方式二：單邊動作（一邊／另一邊）

在身體一側依數個節拍重複相同動作，之後再換身體另一側以相同數目的節拍重複做相同動作，例如：將童謠「美麗的花」中的「花」加強練習，可用一手輕拍頭部四次，說著：「花、花、花、花」，然後換另一隻手輕拍四次，也一樣說「花」。

(三) 方式三：單一可預測

第一拍在身體一側做動作，第二拍時則換邊重複相同動作，如此以雙手輪流做相同的動作反覆練習。例如：將童謠「爆米花」加強練習，可用一手輕拍下巴兩次，說著：「爆米花、爆米花」，然後換另一隻手輕拍兩次，也一樣說「爆米花」。

(四) 方式四：連續雙邊對稱動作

以兩拍為一單位，第一拍時，成對的身體部位同時移向一個地方，然後在第二拍時再同時移動到另一個方向。例如：童謠「兩隻老虎」可用雙手同時輕拍膝蓋一次，然後雙手再同時輕拍椅背一次，雙手在輕拍時口中

說著：「兩隻、老虎」，然後重複。

(五) 方式五：連續雙邊對稱動作組合（四個動作）

身體兩側依序做四個動作，共四拍（每一組各有兩個動作，共兩組）。如：童謠「爆米花」可用雙手同時輕拍膝蓋一次，然後雙手再同時輕拍椅背一次，雙手輕拍頭部一次，以及雙手輕拍肩膀一次，在做動作時口中說著：「一顆、玉米、一朵、花」。

方式四、五對許多兒童而言比較困難，互動者可依孩子能力斟酌加入手部動作一起陪孩子從歌唱中自然提升口腔靈活度！

值得一提的是，目前坊間有許多電視節目、繪本、網站或APP軟體等都同樣提供童謠練唱，然而，一般歌曲在播放時，難以針對兒童的特別需求加以調整速度、加強關鍵字詞，因此，在一開始的互動，筆者建議由互動者先依兒童的能力調整演唱的速度和方式，當兒童能力穩定提升後，再搭配坊間童謠歌曲練習。

曲目一 丁字丁個

活動目標	嘴唇左右拉伸
關 鍵 詞	丁、一
遊戲方法	1. 先讓孩子熟悉歌曲旋律，並可配合孩子食指頂住互動者手心，等待歌曲完畢抓握住的遊戲方式。 2. 在孩子熟悉歌曲旋律之後，互動者可強調「『丁』字『丁』個」、「哪『一』個」的歌詞練習。
遊戲提示	1. 本歌曲可加入獎懲的活動，如：被抓住的一方，要負責唱歌，增加活動的趣味性。 2. 本歌曲適合初階和進階的孩子練習，唯在歌唱的速度上須視孩子的能力調整節奏快慢。 3. 依兒童能力，適時加入延伸練習的手部節拍方式加以輔助練習。

←注意聽，看看一把抓
　住哪一個？

 | **曲目二** | **下雨了**

活動目標	嘴唇左右拉伸、彈響舌
關 鍵 詞	唏哩唏哩、嘩啦啦啦
遊戲方法	1. 假設孩子對本首歌曲旋律沒有概念，請先讓孩子熟悉歌曲旋律。 2. 熟悉歌曲旋律之後，互動者可強調「唏哩唏哩」、「嘩啦啦啦」的歌詞練習。
遊戲提示	1. 互動者可準備關於關鍵字詞「下雨」的圖片。 2. 本歌曲可加入動作手勢或在關鍵的歌詞上加大音量，提高孩子的興趣與注意力，如：唱到歌詞「唏哩唏哩」、「嘩啦啦啦」時，互動者與孩子一起比出下雨的動作，並以加大音量的方式唱出。 3. 本歌曲適宜初階和進階的孩子練習，唯在歌唱的速度上須視孩子的能力調整節奏快慢。 4. 依兒童能力，適時加入延伸練習的手部節拍方式加以輔助練習。

←唏哩唏哩，嘩啦嘩啦，
　啦啦啦啦！

曲目三 兩隻老虎

活動目標	嘟唇、舌頭後縮、吹氣、下頜動作
關 鍵 詞	老、虎、跑
遊戲方法	1. 請先讓孩子熟悉歌曲旋律。 2. 當孩子熟悉歌曲旋律後，互動者可在演唱歌詞時，遇到關鍵字詞「兩隻『老』『虎』」、「『跑』得快」時，稍做停頓，提示讓孩子接唱。例如：「兩隻『＿＿』」、「跑得『＿』」。 3. 若孩子無法接唱，互動者可做出該關鍵字音的口腔動作，但不發聲音，鼓勵孩子主動唱出。 4. 待孩子唱完關鍵字詞後，再由互動者接唱其他歌詞。
遊戲提示	1. 互動者可準備關於關鍵字詞「老虎」的圖片。 2. 若孩子對輪流接唱歌詞的方式感到吃力，活動可縮短為重複「兩隻老虎，跑得快」即可。 3. 依兒童能力，適時加入延伸練習的手部節拍方式加以輔助練習。

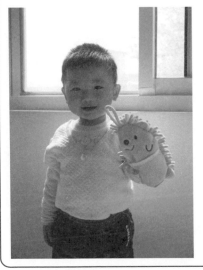

← 兩隻老虎，跑得快，跑得快！

 曲目四 │ 美麗的花

活動目標	嘴唇左右拉伸、舌頭後縮、吹氣、下頜動作
關鍵詞	花、蝶
遊戲方法	1. 請先讓孩子熟悉歌曲旋律。 2. 熟悉歌曲旋律之後，互動者可加入歌詞練習，凡遇到歌曲關鍵字詞「花、蝶」時，則換由孩子唱出。例如：「花，花，美麗的『花』」、「蝶，蝶，美麗的『蝶』」的歌詞，互動者可做出「花」、「蝶」的口腔動作但不發聲音，鼓勵孩子主動唱出，待孩子唱完後互動者再幫忙接唱其他歌詞。
遊戲提示	1. 互動者可準備關於關鍵字詞「花朵」、「蝴蝶」的圖片。 2. 為求反覆練習，互動者可直接縮短歌詞為「花，花，美麗的『花』」，「蝶，蝶，美麗的『蝶』」。 3. 依兒童能力，適時加入延伸練習的手部節拍方式加以輔助練習。

← 花美麗、蝶美麗，是誰美麗？

曲目五 | 爆米花

活動目標	嘴唇左右拉伸、嘟唇、吹氣、下頜動作
關 鍵 詞	花、顆、ㄅㄧ、ㄅㄛ
遊戲方法	1. 請先讓孩子熟悉歌曲旋律。 2. 熟悉歌曲旋律之後，互動者可加入歌詞練習，凡遇到歌曲關鍵字詞「爆米『花』」、「ㄅㄧㄅㄧㄅㄛㄅㄛ」時，則換由孩子唱出。例如：互動者可唱「爆米『＿』」，做出「花」的口腔動作卻不發聲音，鼓勵孩子主動唱出，待孩子唱完後互動者再幫忙接唱其他字詞。
遊戲提示	1. 互動者可準備關於關鍵字詞「爆米花」的圖片。 2. 由於整首歌的歌詞較長，互動者可直接截取部分歌詞「爆米『花』爆米『花』，一『顆』玉米一朵『花』」進行練習。 3. 依兒童能力，適時加入延伸練習的手部節拍方式加以輔助練習。

←ㄅㄧㄅㄧㄅㄛㄅㄛ，爆米花！

▌曲目六▐ 哈巴狗

活動目標	嘴唇張合、舌頭後縮、吹氣、下頜動作
關 鍵 詞	哈、狗、汪
遊戲方法	1. 請先讓孩子熟悉歌曲旋律。 2. 熟悉歌曲旋律之後，互動者可加入歌詞練習，遇到歌曲關鍵字詞「『哈』巴『狗』」時，則換由孩子唱出。例如：「一隻『＿＿＿』坐在大門口」的歌詞，互動者可先做出提示首字『哈』的口腔動作但不發聲音，由孩子主動唱出，待孩子唱完之後互動者再幫忙接唱其他歌詞。
遊戲提示	1. 互動者可準備關於關鍵字詞「小狗」的圖片。 2. 由於整首歌的歌詞較長，互動者可在有強調關鍵字詞的歌詞部分讓孩子練習，如在歌詞記憶上有困難，可濃縮歌詞「一隻哈巴狗，坐在大門口，汪汪」進行練習。 3. 依兒童能力，適時加入延伸練習的手部節拍方式加以輔助練習。

←一隻哈巴狗，眼睛黑
　黝黝，想吃肉骨頭！
　汪汪！

做做看 🔊

曲目	
活動目標	
關鍵詞	
遊戲方法	
活動照片	圖片

伍 口腔動作故事

　　為增加促進孩子口腔靈活度的字詞故事活動練習，本活動主要以看圖說故事的方式進行，故事內容包括：「小小貓頭鷹」、「小廚師」、「愛畫畫的小毛」。藉由互動者示範讓孩子模仿唸讀故事中的關鍵字音與提問問題，讓孩子從故事中自然練習關鍵的字音、促進對故事的理解，此外，活動最末提供延伸練習，透過其他不同聲音的繪畫活動，讓孩子可以練習更多不同的聲音！

一、目標動作 🔈

　　本練習的重點在於結合嘴唇、臉頰、舌頭、吹氣與下頜動作來示範口腔動作活動的多樣性，藉由故事形式提供練習口腔動作的可能性，因此互動者可依孩子的能力，隨時調整唸讀的長短及活動。

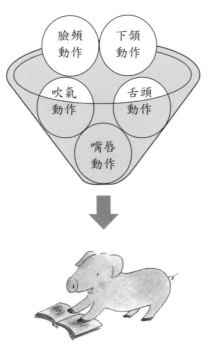

練習故事

二、活動內容

活動名稱		活動目標
故事一	小小貓頭鷹	嘟唇、嘴唇張合、舌根後縮、吹氣、咀嚼練習
故事二	小廚師	嘟唇、嘴唇張合、拉唇、吹氣練習
故事三	愛畫畫的小毛	嘟唇、拉唇、舌根後縮、吹氣練習

三、進行方式 🔊

　　由互動者參考內容範例，開始唸讀，凡看到標示【】的部分即鼓勵孩子一同參與，模仿發出聲音。

　　請依孩子的能力決定唸讀故事的長短，假設孩子聽讀故事較有困難，可調整為看圖片、模仿關鍵詞即可。若孩子理解或專注較弱，可先與孩子完成部分段落內文，待練習多次、孩子較熟悉後再加入後段內文一起練習，切莫急著將故事活動一次完成。

故事一 ▎小小貓頭鷹

從前，有一隻小貓頭鷹跟貓頭鷹媽媽住在樹洞裡，

牠們最喜歡唱著【咕嘎、咕嘎】。

有天晚上，小貓頭鷹醒過來，肚子餓得【咕嚕咕嚕】叫，

於是，媽媽帶著小貓頭鷹去找食物，

後來，牠們找到一隻又大又肥的小蟲，

一直【Ｙ～m】的吃不停。

吃飽的小貓頭鷹，

又快樂的拍著翅膀【飛飛飛】到樹枝上休息。

《小小貓頭鷹》互動內容

1. 這是在講誰的故事？

2. 小貓頭鷹最喜歡唱什麼歌？

3. 小貓頭鷹醒過來，肚子餓得發出什麼聲音？

4. 說說看，牠們找到什麼東西來吃？

5. 你會模仿牠們吃小蟲的聲音嗎？

6. 請問吃飽的小貓頭鷹，快樂的拍著翅膀做什麼？

7. 小貓頭鷹還喜歡吃其他食物，請幫牠畫在框框裡並模仿這些動物的聲音！

嘶～嘶，牠是一種動物，沒有腳，走起路來彎彎曲曲的，身上還有鱗片。

嘰～嘰，牠是一種動物，有四隻腳，喜歡吃乳酪，排在十二生肖的第一名。

故事二 小廚師

從前，

有一位小廚師很喜歡做菜，

不論是【游游游】的魚、【咕咕咕】的雞、【哞～哞】的牛，

小廚師都可以煮的【香噴噴】，

上門的客人，

總是吃得【哇哈哈】的開心不已。

小廚師覺得，

最好吃的東西就是要能帶給大家幸福、快樂的感覺，

所以他的心願就是讓大家開心的【嘻嘻、哈哈】吃飽飯。

《小廚師》互動內容

1. 這是在講誰的故事？

2. 這個小廚師喜歡做什麼？

3. 小廚師會煮什麼東西呢？

4. 請說說看小廚師煮的東西味道如何？

5. 顧客吃到小廚師煮的食物，心情如何？

6. 小廚師的心願是什麼？

7. 請在框框裡畫出小廚師喜歡的動物，並模仿牠們的聲音！

拱～拱，牠是一種動物，有四隻腳，還有大大的鼻子、長長的耳朵。

咩～咩，牠是一種動物，有四隻腳，喜歡吃草，身體毛茸茸。

故事三 | 愛畫畫的小毛

小毛喜歡到處亂畫，常常讓媽媽不高興。

有一天，

小毛看到好朋友波波在一張圖畫紙上畫了漂亮的畫。

於是，小毛回家後，也開始用蠟筆在紙張上面畫了──

【咻～】的火箭、

【一ㄛ一ㄛ】的警車、

【一閃一閃亮晶晶】的星星、

【圓圓胖胖】的太陽、

還有喜歡【咯咯咯】笑的小毛。

小毛終於可以繼續畫畫，媽媽也不再生氣了。

 ## 《愛畫畫的小毛》互動內容

1. 這是在講誰的故事？

2. 這個小男生喜歡做什麼？

3. 為什麼媽媽很頭痛？

4. 說說看，小毛畫了哪些東西？

5. 你會模仿火箭起飛、警車鳴笛的聲音嗎？

6. 請問星星是怎樣發出亮光？

7. 小毛的笑聲是怎麼樣呢？

8. 請幫小毛在框框裡畫出他想畫的東西，並模仿他們的聲音。

嗚～嗚，它是一種交通工具，有輪子，可以載很多人，開在鐵軌上。

咕咕咕，牠是一種動物，有兩隻腳，會叫人起床！

做做看 🔊

故事名稱	
圖畫	圖片
故事大意	
互動內容	

國家圖書館出版品預行編目（CIP）資料

一玩就上手：學前兒童口腔動作遊戲活動手冊／
林桂如著.--初版.--臺北市：心理, 2012.03
面；　公分.--（溝通障礙系列；65025）

ISBN　978-986-191-485-5（平裝）

1.語言障礙教育　2.特殊兒童教育　3.兒童遊戲

529.63　　　　　　　　　　　　　　100027857

溝通障礙系列 65025

一玩就上手：學前兒童口腔動作遊戲活動手冊

作　　者：林桂如
手繪插圖者：王昱堯
執 行 編 輯：李　晶
總 編 輯：林敬堯
發 行 人：洪有義
出 版 者：心理出版社股份有限公司
地　　址：231 新北市新店區光明街 288 號 7 樓
電　　話：(02) 29150566
傳　　真：(02) 29152928
郵撥帳號：19293172　心理出版社股份有限公司
網　　址：http://www.psy.com.tw
電子信箱：psychoco@ms15.hinet.net
駐美代表：Lisa Wu（lisawu99@optonline.net）
排 版 者：鄭珮瑩
印 刷 者：竹陞印刷企業有限公司
初版一刷：2012 年 3 月
初版四刷：2019 年 2 月
I S B N：978-986-191-485-5
定　　價：新台幣 220 元